時間をもっと大切なことに使いなさい

「短い人生は時間の浪費によって
いっそう短くなる」
——サミュエル・ジョンソン
（イギリスの詩人）

ゲット・ラック国際アカデミー主宰
手相家/ 作詞・作曲家
西谷泰人

SOBUN

はじめに

前著、『あなたは才能を15%しか使っていない』がなかなかの反響をいただきましたので、早速、次の著作に取り掛かりました。

そうして出来上がったのが、本書『時間をもっと大切なことに使いなさい』です。

有名な作家の言葉に次のようなものがあります。

「短い人生は時間の浪費によっていっそう短くなる」

――サミュエル・ジョンソン（イギリスの詩人、批評家、文献学者）

「人生は退屈すれば長く、充実すれば短い」

――フリードリヒ・フォン・シラー（ドイツの詩人、歴史学者、劇作家、思想家）

これらの言葉は神髄をついています。

時間は誰にも平等に与えられているものなのに、使い方の違いで人生の成果は天と地ほども差がついてしまいます。

でも、この本を手に取った方には、

「今さらどうにもならないよ。オレの人生、こんなものでいいや」

などという、諦め半分の方はたぶんいらっしゃらないと思います。

むしろその正反対の、

「時間は大切で重要なもの」、「今から時間を有効に使って人生を大挽回だ！」という気概を持った方が大半だと思います。

そこで今回私は、みなさんの期待に沿えるよう3章に分けてお話しすることにしました。

本書の内容は、タイトル『時間をもっと大切なことに使いなさい』からイメージする、「時間のやりくり法」や、「時間活用術」といった日常の時間管理の本ではなく、違う角度から、幸せな時間をたくさん得るための生き方、考え方に焦点を当ててお話ししていきます。

つまりタイトル『時間をもっと大切なことに……』にある、「大切なこととは＝幸せ、幸せになること」というわけです。

以下が、本書の第1～3章のテーマです。

『時間をもっと大切なことに使いなさい』
■第1章　あなたの健康寿命を延ばし、幸せな時間を増やす
■第2章　大安心に至る生き方
■第3章　限りある時間、本当にやりたいことをやりなさい

という内容です。
それではスタートします。

目次

第3章

限りある時間、本当にやりたいことをやりなさい

編集協力　ユウコ

第1章

あなたの健康寿命を延ばし、幸せな時間を増やす

――元気の源はこれだ！

第1章

あなたの健康寿命を延ばし、幸せな時間を増やす——元気の源はこれだ！

年齢を重ねると……

さて、まず第1章では、歳を取っても元気な人の秘密についてお話をします。元気な時間を増やすためにです。

人間、歳を取りますと、だんだんといろいろなところが痛くなります。実は私もこの前、右側の膝《ひざ》がちょっと痛くなったりしました。中学・高校時代はサッカー部だったのに。

原因を考えてみると買い物した後、重い荷物を両手に持ってしばらく歩いたことでした。

このことでわかるように、膝は5キロほど余分な負荷がかかると、すぐに痛くなります。つまり体重が増えると、膝はたちどころに痛くなるということなんですが、体重のある方は、ほとんどの方が膝を悪くしますので、お気をつけください。

そして歳を取ってきますと、髪が薄毛になってくる人も増えてきます。女性でもそうですね。それから、目も悪くなれば歯も悪くなる。耳も遠くなってくるということで、本当に歳は取りたくないものです。

加齢は鏡を見ているときに感じる

最近ある女性に、「加齢ってどういうときに感じますか？」と聞きましたら、「はい、お化粧しているときに感じます」と返ってきました。

50代の女性の方なのですけれど、やはりだんだんとシミも出てきますし、シワも出るし、ハリもなくなってきて、本当に悲しいとおっしゃっていました。

若い頃のあの、ハツラツとした元気なときの自分と比べてしまうと、そう思うのも無理はないですね。

そこでここ第1章では、あなたの健康寿命を延ばし、体調良好の日常が送れ、幸せな時間を大いに増やす方法について、お話しします。

そのためのいろいろなノウハウをご紹介していきます。

健康寿命を延ばす❶

意欲こそが元気の秘訣！

これは驚いた！　98歳経営者

今日は、私がこれまで見てきた元気なお年寄りの話をしていきますが、これがまあ、驚くほどに元気な人がいるんです。

私はこれまで8万人の方々の手相を観てきましたが、その中でも特に印象に残っている人についてご紹介しましょう。

その男性の方は当時98歳だったのですが、大阪から一人、新幹線に乗って鑑定にいらっしゃった。スタスタとした足取りでいらっしゃいましてね。姿勢もいいし言葉もハッキリで、驚きました。感じとしては60代ですね。

その方、ラブホテルを経営していたり、その他にもいろいろと経営をしていらっしゃる。今後もまた別の事業を興《おこ》そうということで、意欲に溢れていらっしゃいました。

「銀行からまたちょっと資金を借りようと思うんだけど、98歳と言うと銀行も渋ったりするんですよ」

なんておっしゃっていました。そりゃそうでしょう。98歳ですから、貸し渋り当然……です（笑）。

とにかくこの方のように、意欲に満ち溢れた人というのは元気ですね。

80代でも、毎日寿司を握る元気な大将！

昔、私が40代の頃に、よく行っていたある寿司屋のことを思い出しました。

そこは大将と大将の息子さん（50代）が2人でやっていたお店だったのですが、その大将である80歳のお父さんが、いつまでも息子に握らせずに、自分で全部握ってしまうんです。

その様子がすごく元気なので、ちょっと私は訊《き》いてみたんです。

「何歳くらいから疲れを感じるようになりましたか？」と。

すると、少し考えて……「う～ん、70歳くらいかな」とおっしゃってました。

自分で全部、寿司を握るぞ！　という意欲があるから、元気が湧いてきて、本当に健康そのものなんですね。

健康寿命を延ばす❷

若々しい80代、90代に共通している特徴とは?

見た目が若い人が長生きする

そして、そんな意欲に溢れた元気な80代、90代の人たちに共通する特徴に、筋肉がしっかりついていることがあります。女性の方でもそうですね。

この前も80代の美術家(女性)の方が鑑定にいらっしゃいましたけれど、姿勢も良く、おしゃべりも60代のようです。

そして腕などにも、しっかり若々しい筋肉がついているんです。

まあ**人は、見たままの年齢なんですね。だから長生きする人は実年齢より若く見える!**

これはもう間違いありません。

80代になっても、60代に見える感じ。そんなタイプが長生きする人です。

これまでのギネス世界最長寿記録保持者の、ジャンヌ・カルマンさん(122歳　199

7年没）は、40歳のときの写真を見ると、20歳ぐらいに見えましたし、50歳のときもやはり20代に見えます。成人していたお嬢さんとの写真では、母親のカルマンさんのほうが、若く見えます。

彼女はチョコレートが大好きで、1週間に1キロのチョコレートを食べていたといいます。20代から喫煙し、タバコの火を付けてくれる介護者のことを気遣って、117歳で禁煙したといいます。

反対に、50歳くらいなのに、もう70～80歳くらいに見えるヨボヨボした人は、あまり先が長くないということが言えます。ですので、見た目の年齢がその人の年齢ということです。

健康寿命を延ばす❸

筋肉は使えば使うほど、若々しい！

さて、若々しく見えるために大事な筋肉の話ですが、**どうしたらきれいな筋肉がしっかり付くのかと言えば、**

「使うこと！」

筋肉は使えば使うほど付くんです。それも若々しく、そして美しく。これは原則です。

そして本当に元気な人は、筋肉がしっかりあることに加えて、**肌も若々しい**です。

そうして人間の体は、やはり鍛えたりすることによって美しく若々しくなるのですが、一番それができないのが顔なのだそうです。

顔ってなかなか運動ができないですからね。

そこでロンドンで美容クリニックを営むエバ・フレイザーさん（70代のときに、40代にしか見えない美人）が、若返り顔面運動を開発したのです。

彼女の驚くほどの若いお顔の秘密は「1日わずか数分の顔面運動のおかげよ」とエバさん。

見た目年齢が、25歳も若いバレリーナに会って衝撃を受ける！

エバさんが、この運動を始めたきっかけを語ってくれました。

「この方法に出会ったのは、本当に偶然なのです。50歳のとき、ドイツの元バレリーナに会いました。その方は私よりちょっと年上に見えたのですが、なんと76歳だったのです。

バレリーナは歳を取っても筋肉を使うので、彼女は素晴らしいプロポーションを持っています。でも顔は他の人たちと同じように歳を取ることに気付きました。だから、**バレエの運動を顔面の筋肉に応用することを考えた**のです。

医師をしているボーイフレンドの助けを借りて、顔面のフィットネス運動を考案したのです」と明かしてくれました。

早速その運動を教えてもらったエバさんは、さらに研究を重ねて美容クリニックを開きました。

人間は食べたり、話したり笑ったりして筋肉を使っていますが、毎日同じ筋肉しか使わないです。使わないで緩んでしまった筋肉を運動させることで、顔の皮膚を引き締めることができます。

「美容整形のしわ取り手術なんか5年ぐらいしたら効果がありませんが、この運動はずっと長持ちします」と語ります。

彼女のクリニックに初めて来院する客の多くは、彼女が歳を明かすと疑わしい顔をするそうです。整形手術の傷跡がないか、耳の後ろを見せてくれと言う客がいます。

もちろん見てもらっても一向に構わないそうです。

1日数分の運動で効果

ロンドンにある有名なセントジョーンズ皮膚学研究の皮膚科顧問医師であるデイビッド・フェントン博士がエバさんを診察し、彼女の顔には何の手も加えられていませんと保証しました。

以下エバさんが公開した、顔が何十歳も若返るための基本的な方法です。

①たるんだまぶたを引き締める方法

鏡を見て眉毛の下に人差し指をカーブさせる。そしてゆっくり押し上げて骨を押さえつける。ゆっくりまぶたを閉じ、上まぶたを下のほうへ伸ばし、六つ数える。

これを5回ほど繰り返す。

②首のしわを取り除く

あごを上げ、下唇を押し上げ、上唇にかぶせる。あごゆっくり前向きに押しながら舌の先を下の歯に押し付け六つ数える。

リラックスした状態で繰り返す。

③鼻のしわを取る

人差し指を使って鼻の上部を押さえる。そして、中指と親指で鼻の先をつかみ、ゆっくり引き上げ、固く押さえながら鼻の筋肉を引き伸ばし、10数える。

数回これを繰り返す（ここまで米『エンクワイラー』誌より）。

どうです？　あなたも試してみませんか？

ニューヨークで美しい女性を見つめつづけて活躍するカメラマン、ジュニッチ・タカハシさんがこう言っていました。

「使わない筋肉は死んでいるんですよ」

そうとわかったら、全身（顔も体も）全ての筋肉を動かして半分の年齢になってしまいませんか⁉

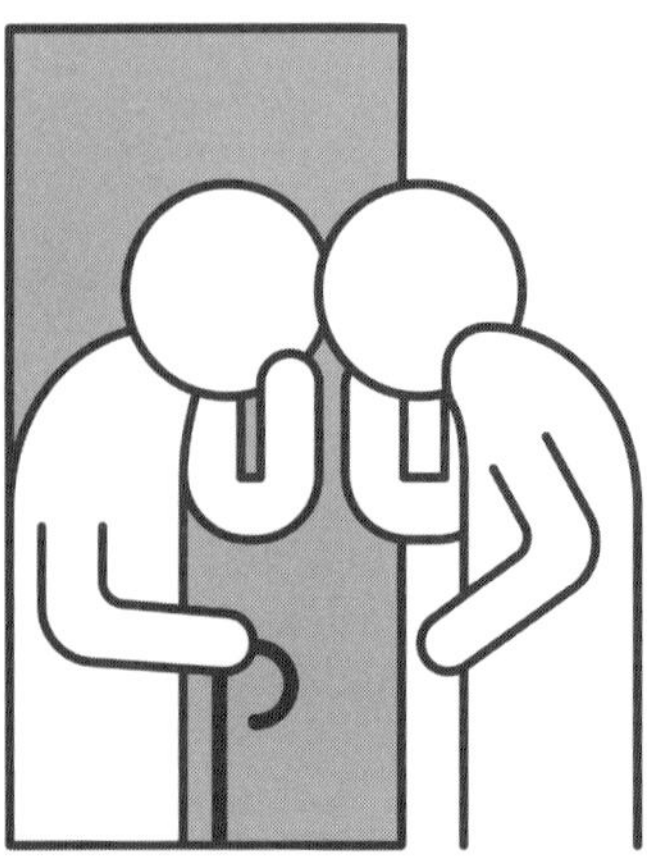

健康寿命を延ばす④

腸を調子よく。腸と金運には深い関係がある

腸の重要さを認識する

それから私がずっと手相を観てきて思うのが、若々しい人は腸が丈夫ということです。

簡単に言うと、腸の調子がいいとは、お通じがいいかどうかです。便秘とは、いろいろな病気の前触れなのです。

だいたい、がんになるのは、便秘からはじまることが多いというのは、よく言われています。

私も本当に腸だけは絶対に大事にしていきたいと思っています。

今、日本の男女で一番多くなってきているがんは、大腸がんです。**この病気は、腸内環境をよくする努力をすれば大丈夫です。**


それからポリープ検査を受けるといいです。ポリープが悪性化してがんになるパターンが

本当に多いですので、この検査は腸の健康を見分けるとても大切な方法です。

お金で苦しむと、腸が悪くなる

また、腸が悪くなる人について研究をした日本の医師の報告では、**だいたい腸の病気（主に大腸がん）が発覚する前1年以内に、みなさん、お金のことでとても苦しんだ経験がある、**とおっしゃっていました。

その研究は、腸のがんになった1万数千人の人にインタビューした上の統計だといいますから、ズバリ腸とお金は「密接な関係がある」と医学博士がおっしゃっています。

これは、腸と金運とが関係しているからなんですね。

私の夢判断の本（実に良く当たると評判）でも紹介したので、ご存知の方も多いと思いますが、**ウ○コの夢を見るとお金が入る**というのは、私のところに届いている1500件以上の体験談でも、ハッキリ検証ができています。

やはり、「腸とお金とは密接な関係あり」です。

糖尿病がないこと

さらにもう一つ、若々しい人の特徴として、糖尿病がないということがあります。生命線の手首近くに楕円形になった印《しるし》が出ているのは、糖尿病のサインです。

糖尿というのは、あらゆる病気のもとになりますから老化が激しくなります。この印がありましたら、やはり治してしまいましょう。糖分を減らすとか、お酒を減らすといったことを実践すれば、いい予防になります。

そして**この楕円形の印が左手に出ている場合は、生まれ持った糖尿病傾向（遺伝的）を表していて、右手に出ている場合は、（後天的）に自分が糖尿病を作っていることを物語っている**と読めます。

つまり、この印が左手にあって右手にない場合は、本来は糖尿の病気の素質を持っているが、見事に防いでいることを表し、左手にはないけれど、右手にだけある場合は、遺伝性は本来ないのに、自分が糖尿の原因を作り出している、ということになります。

健康寿命を延ばす❺

夢と情熱が元気の源

情熱と人情の人・本田宗一郎さんの話

加えて元気な人というのは、夢に向かって突っ走っている人です。

みなさんは何か夢をお持ちでしょうか。この、夢に向かって進むというのが一番大事なところです。

ちなみに昭和の時代に、夢に向かって突っ走った人は誰かと、ちょっと思い浮かべてみたのですが、やはりパナソニック創業者・松下幸之助さんや、本田技研を創った本田宗一郎さん、ソニー創業者の井深大さん、盛田昭夫さんなどが代表ですね。

ではここで、世界的企業を創り上げた、本田技研の本田宗一郎さんのお話をします。

オートバイのレースに参戦するとなったら、もうそれで世界一になりましたし、車のレースでも世界一になると公言したら、27年の後に1位（グランプリ）を達成しました。そのように夢を追いかけ続けて、元気いっぱいに生きた方です。

そして本田宗一郎さんについての資料を見ていましたら、やはり面白いんですね。浜松にご自分の修理工場があったのですが、最初はご自身ともう1人従業員が居たくらいの規模ではじめられたんです。そんなスタートでしたが、最初からここを世界的な企業にするという夢を持っていらっしゃったそうです。

ソニー創業者の井深大さんも同じで、従業員数名の電気工場のみかん箱の上に立って、毎日の朝礼で、「我が社は世界的企業になる～！」ということを述べられていたそうです。

それを聞いていた人が、「社長、何か他にお話ないんですか？」というと、「ない！」と答えたといいます（笑）。

たった数人の従業員の前でも世界的企業になるんだと宣言されるので、従業員も頭が混乱したのではないかと思いますが、**いつも世界一になるという夢と情熱があったということが、パワーの秘訣だった**と思います。


思い切った、大買い物！

ところで本田宗一郎さんの話ですが、資本金が600万円のときに、何と4億5000万円の機械をアメリカで買うと言って、現地に飛んで行ってしまったんです。それも、当時の1962年頃の4億5000万円は、現在に換算すれば10倍の値打ちはありますから、今にしてみると45～50億円くらいの買い物をしたということになりますね。

それでアメリカへは通訳を連れて行ったのですが、機械を買いたいと頼んだときには、相手のアメリカ人はもう大喜びだったそうです。こんな高いものを買ってくれる人が来たって、もう喜んで喜んで、「セキハン！　セキハン！」って声を上げたそうなんです。

それを聞いた本田社長は、今日は嬉しい祝い事があったから「赤飯、赤飯」って言っているのかなと思ったらしい。でも実際は「シェイクハンド！　シェイクハンド！」（握手！握手！）と言っていたんですね（笑）。

シェイクハンドが赤飯に聞こえるエピソードでわかりますが、英語ができるできないは関係ない、それ行け～！　というところが、さすが！　面白いですね。

そしてそのオートメーションの機械を買った後、何と1千万台以上を売ったんですからすごいです。見事な大ヒットですね。それを予測した上で買ったという、ものすごい情熱を持った方なんです。

人情深さも、人一倍！

また本田宗一郎さんは、人情深いところもあって、みんなから「オヤジさん」と呼ばれた愛されるキャラクターの持ち主でもありました。

あるとき自宅に、アメリカからのお客様がいらした際に、そのお客様がトイレの中に入れ歯を落としてしまったそうなんです。昔のトイレですから、水洗トイレではなく、肥溜め式のトイレですね。それで本当に困ったお客様……。

そこで本田社長はどうしたかと言えば、服を脱いでパンツ一丁になって、その便器の中に入って、手探りで入れ歯を探したらしいんです。それで見つかったと言って、洗ってお客様に渡したそうですから、やはり大物ですね。

そして本田宗一郎さんは、１９９１年に勲《くん》一《いっ》等《とう》旭《きょく》日《じつ》大《だい》綬《じゅ》章《しょう》を受賞されています。当時はとっても騒がれました。

このときに本田宗一郎さんが新聞のインタビューで、こうおっしゃっていました。

「先生はみんな、何かといえば勉強、勉強と言うけど、私の人生も先生に見て欲しいなぁ」と（本田さんは中学までしか出ていない）。

こんな具合で、本田さんはとても面白い、楽しい方なのでした。

健康寿命を延ばす❻

使命感・自信を持とう！

戦後の日本は、我々が再建するんだ！

さらに本田宗一郎さんの話を続けます。そのインタビューでお話しされていたことをご紹介しましょう。

本田さんが現役のときには、「大げさに言えば**我々が日本を再建するんだ！**」という心意気で、ガムシャラにやっていたんだそうです。

もう「日本のため、戦後の日本を復興するために俺たちが引っ張っているんだ」っていう、そんな熱い情熱を持っていたといいます。

バイタリティーが素晴らしいですね！

このように、**日本の国のために！　という使命感や自信に気持ちをみなぎらせていること、それが図らずとも健康な時間を延ばしていたことは間違いないでしょう。**

漫画『本田宗一郎物語』で、手相を観てもらうシーンが

ところで本田さんには『本田宗一郎物語』という自伝漫画があります。

その作品の中に、本田さんが10代のときに易者に手相を観てもらったという話が出てくるんです。

ある日、本田さんと友人Aさん（当時の華族出身）とで町を歩いていました。本田少年は着物姿に坊主、下駄ばきです。すると歳取った手相見に、

「そこの若いの、若いの！」と呼び止められたらしいんです。

それで、「えっ、オレのこと？　占いはいいよ、いいよ」と断ったところ、

「いや、お代は要らないから、ちょっと手相を見せてくれ」って頼まれてしまったんですね。

「タダ？　じゃ見てもらうか」、ということで、手相を見せると、

その易者は本田少年に、「う～ん、これはあなた、将来成功して、世界的な人物になるぞ！」と断言したそうなんです。

友人はあなたの部下になる!?

そこで今度は本田少年が、

「この友人、将来は大臣になるんじゃないかと思う、見てあげて」

と交替すると……、

何と友人のAさんに易者は、「あなたはこの人（本田少年）の部下になるよ」と言ったのでした。

そんな鑑定を受けて、その場を離れます。

それで、Aさんを部下だなんて、ヒドイこと言う易者だね、と二人して、言いながら歩いて行ったそうです。

でもナントその後、本田少年が成長し会社を興し、本田技研が急成長してきたときに、その華族であるAさんが入社してきて、本当に部下になったそうです。

そんな実話を、漫画で描いていました。面白いエピソードですね。

思い出せば、これまで私は経団連会長や日立造船やアサヒビールの会長など、いろいろなトップの方を50人以上手相鑑定して来ましたが、本田宗一郎さんは少し年代が上だったこともあって、残念ながらお会いできずじまいでした。

私の鑑定後、世界的有名人になった、あの人……

余談になりますが、某女性お片付けコンサルタントの女性が、まだ無名時代の25歳くらいのときに私のところに鑑定を受けにいらっしゃったことがありました。

それで手相を拝見すると、27歳で世に出ることがわかり、**「あなたは27歳で世に出るよ！　大活躍だ！」**と告げました。

するとその通り、彼女が27歳のときに書いた本が大ベストセラーになって、現在では世界中で１３００万部以上売れていて、世界的有名人になっています。

このように手相は、未来のことを予見することができます。

以上、本田宗一郎さんと、もうお一方の手相のお話でした。

健康寿命を延ばす❼

スポーツは長寿につながる

スポーツの効用

そして長生きするため、健康な日々を手に入れるためにも、体を動かすことはとてもお勧めです。筋肉も若々しくなりますから。

ではみなさん、長生きできるスポーツって何だと思いますか？

それではランキング形式で発表していきたいと思います。

これはコペンハーゲンで行われた調査で、対象者は８５７７人。１９００年代の初頭から25年にわたって追跡調査をした結果、オキーフ博士という方が発表した調査報告です。

長生きするスポーツの第１位とは？

まず一番寿命が延びるスポーツは、テニスです。９・７年もの寿命が延びるそうです。

続いてバドミントン。こちらは6・2年延びます。
それからサッカーが4・7年、
サイクリングが3・7年、
水泳3・4年、
ジョギング3・2年、
柔軟体操3・1年、
スポーツジムでの運動1・5年と続きます。

テニスが第1位の理由

これはどうしてかわかりますか？　報告書にはこう書いてあります。

テニスが第1位になったのは、極めてインタラクティブ（＝対話的）なスポーツだからなんです。

テニスは対話や雑談をしますよね。「あ、いいの打ったわね！」なんて。人と人とが運動しながら会話をすることがとってもいいらしいんです。

それで、スポーツ・ランキングには入っていないですが、ゴルフも寿命を延ばすそうです。

やはりゴルフも話をしながら行いますし、さらに打ったところまで歩いて行くんですから、そりゃ体も使うし長生きします。

そして研究論文によれば、運動する時間の長さは、さほど長寿に影響しないそうなんです。一番影響するのは、**仲間と一緒に無理なく楽しむこと。笑顔で体を動かせば、健康で幸せになります、という文面で結んでありました。**

ですので、一人で黙々とジョギングや筋トレをしたり、散歩をしたりするのも、しないよりは大分いいですが、誰かと会話をしながらだと、もっと効果が大きくなるという結果でした。

健康寿命を延ばす❽

長生きの決め手は、人とのつながり

また、他の研究でも、**人とのつながりが健康寿命を決める**という論文があります。

さらに、高齢男性の健康寿命は、団体やグループへの参加の有無と非常に関係が深いことがわかっているそうです。趣味のスポーツや学習、ボランティアなど、何かしらの団体やグループに入って活動している男性は、健康に長生きしているんですね。

孤独は命を縮める

他にも、人とのつながりを豊かにすることが、健康寿命を延ばす決め手だということを結論付けているレポートもありました。

つまり孤独は命を縮めるというわけです。

75歳でも現役でバリバリのわけ

そう言えば私のよく知っている事業家のHさん（男性）という方が鳥取県にいらっしゃるんですが、75歳になっても現役なんです。

Hさんは、ゴルフ場やラーメン屋さん、不動産屋さんなどいろいろ経営して、とても成功していらっしゃいます。

事業は奥さんと一緒にやっていらっしゃるのですが、奥さんも75歳で、とても元気なお二人です。

どうしてそんなに現役のままで、今も続けていらっしゃるのかと伺いましたら、Hさんがこう話してくれました。

「**自分の周りで引退していった経営者や社長さんたちが、みんな3年くらいで亡くなってしまうんです**」と。

つまり、人とのつながりがなくなって、引退して家に入ってしまって何もすることがなくなると、だいたい3年くらいで亡くなるか、あるいは倒れてしまうとか。

だから私は引退しないんだと言っておられました。周囲からは、

『あんた、いつまで稼ごうと思ってるの？』

なんて言われたりもするそうですが、そういうことではなくて、健康のためも考慮して、他人との関わりをなくさないために、また自分の生きがいや意欲を持ち続けるために、事業をやっているのだそうです。

人生が楽しくて死んでる場合じゃない

この奥さんのお話からもわかりますが、私がこれまで8万人の人を手相鑑定して来た中で言えるのは、**長生きする人は、何しろ事業が面白くて、どんどん収入も入るものだから、楽しくて、死んでる場合じゃないという人。こういう人がいつまでも元気なんです。**

長生きする人は、本当に生きているのが楽しいんですね。

反対に、この先も不安だし、お金もないし、毎日がつらいという人はやはり長生きしていません。

104歳の男性の家でビックリ！

以前に、所ジョージさんの番組に出演したとき、私が100歳以上の元気な老人のところへ行って、手相を観るという企画がありました。

そこで100歳過ぎの男女、7、8人を観たことがあります。

そのとき、104歳だった男性の家に行きましたら、いろいろなポスターが貼ってあったんですけれど、その中に若い女の子のヌード写真が貼ってあって驚きました。

もうお元気な方で、さらに77歳の恋人がいらした。

旅行したとき、地方で見つけて連れてきた、なんておっしゃっていましたけれど。

部屋の壁やその前には、観音様の絵や不動明王の像も飾ってあったりして、その間に若い女性のヌード写真が数点あるんですから、ステキでした。

これは長生きするわけだと思いましたよ（笑）。

103歳のおばあさんは、玄関でアロハ姿のフラダンスでお出迎え

それから103歳のおばあちゃんのところへ訪ねて行ったら、アロハ姿で首飾りをして、踊りながら玄関で迎えていただいたこともありました。

そのおばあちゃんはお嫁さんたちにとても大事にされていて、「おばあさん、お膝寒いでしょ？」と、すぐにひざ掛けを持ってきてもらったり、「お飲み物はいかがですか？」と本当に愛されていました。**だから愛されている人は長生きするんです。孤独でないですから。**

「憎まれっ子世に憚《はばか》る」とは言いますけれど、100歳以上元気に生きるような人は、やはり周りの人に愛されています。

健康寿命を延ばす⑨

生きがいがしっかりある人は、病気になりにくい！

和歌山県立医大などの長期追跡調査結果で、興味深い結果が出ていましたので、ご紹介します。

「生きがい」がないと死亡の危険性が２倍
——心理社会要因も循環器疾患に深く関与——

男性の場合は、「生きがいの欠如」や「ストレスの多さ」、女性は「人に頼りにされないこと」が、循環器疾患で死亡する危険性を2倍以上に高めていることが、約３０００人を対象にした和歌山県立医大などの長期追跡調査でわかった。

調査は、和歌山県の一町一村の２９５９人。坂田清美同大助教授らの調査開始時点で40歳以上80歳未満、７年から11年間追跡。分析の際は、当初から脳卒中の既往症がある人などを除外した。

死亡者は男性180人、女性124人の計304人で、「生きがいがあるとは言えない」「人から頼られていると思わない」「ストレスが多い」と答えた人と、そうでない人の循環器疾患（心疾患、脳血管疾患を含む）や、がんによる死亡率を比較し、項目ごとに死亡する危険性を算出した。
★男性の場合、「生きがいがあるといえない」という男性が脳血管疾患で死亡する危険性は、そうでない男性の4・9倍に上がり、循環器疾患全体でも3・5倍となった。
「ストレスが多い」と答えた男性は、脳血管疾患で5・9倍、循環器疾患全体で2・1倍と危険性が増した。
★女性の場合、「頼られていると思わない」人の死亡危険性が、そうでない人より循環器疾患全体で2・6倍、心疾患で2・8倍、脳血管疾患で2・6倍とアップ。
「生きがい欠如」の危険性も心疾患で3・0倍に上昇したが、「ストレス」は、どの疾患でも死亡との関連を示さなかった。

がんについては、男女とも心理社会要因との関連を示すデータはなかった。

坂田助教授は「生きがいや社会的なサポートが健康に大きな影響を及ぼしていることは米

国で報告されているが、同じ結果が出た。がんとの関連がなかったのは、タバコや食事など別の要因が大きいためではないか」としている（産経新聞、記事より）。

健康寿命を延ばす⑩

お年寄り風の服はやめよう!!

若々しさが出る服を着る

そして、長生きしている人たちの特徴に、若々しい服を着ている人が多い、ということがあります。

たとえば巣鴨のとげぬき地蔵のあたり（おばあちゃんたちの原宿）を歩いているおばあちゃんたちが着ている、年寄り風の服があります。何となく独特な服。あれはやめたほうがいいと思いますね。

あの服は、自分を目立たないように身を隠すための色合いです。歳取って枯れていくためのアイテムですね。

海外に行くと、70〜80歳のお年寄りの女性が、もう真っ赤な服に真っ白ズボンをはいて、黒いサングラスや、真っ白な縁取りの黄色のレンズのサングラスや、ブルーのレンズのメガネを普通にかけています。

その点日本人は何故か、お年寄りはみんな同じような服を着ていて、よろしくないですね。

やはり気持ちから、見た目から若くしていくのが大事なんです。

元気の出る音楽を聴く

加えて今までは落ち込んでいる人に心理療法をする場合、その原因を聞いたりなどして、そこを慰めていたりしていましたが、それよりも**明るい音楽を聴くとか、派手な服を着るとか、はたまたものすごく若々しさを感じる映画を観ることのほうが、何倍も効果があることが、心理学の分野でわかってきています。**

そうなんです。そして今は実際、そちらのほうの治療法が進んでいます。若作りして、行動あるのみです！

ですのでみなさん、若い人とどんどん触れ合っていきましょう。そんな機会を作って出掛けていって、話をするというのが大事なインタラクティブ（＝対話方式）です。

とにかく**対話、会話があることが大切なんです。**

タバコは、タバコ指数400を越さないで！

続きまして、タバコの害についてのお話もしておきます。タバコというのは、ある程度吸っても大丈夫なのですが、**タバコ指数が400を超えると急にがんになりやすく、危ないと言われます。**

これはどういう数字かと言いますと、たとえばタバコを毎日20本ずつ、20年間吸ったとしたら、20本×20年で400になりますね。この400を超えると途端にがんになりやすくなるという統計が出ているのだとか。

ですから1日の本数×これまで吸って来た年数が400を超えそうな人は、タバコはやめることをお勧めします。

そして人の吸ったタバコの煙を吸う「受動喫煙」も注意です。

健康寿命を延ばす⓫

食用油に含まれる、ヒドロキシノネナールにご用心！

油の取り過ぎは、命を縮める

それからもう一つ、健康によくないものとして挙げたいのが、油の摂り過ぎです。

今、唐揚げも、チーズナンも大ブームですし、それからポテトチップスなど、油が使われている人気食品が多いです。私はだいたい、あの油が苦手なんです。バイキングレストランに行っても、油を使用していない料理……つまり食べられるものがホンの10％もないくらいなんです。並んでいる料理がほとんど油料理ばかりで、油の海ですから。

もちろん油は、人体にとってとても必要なものですが、いい油でないとダメだということで、ちょっとご紹介したいと思います。

油の抽出《ちゅうしゅつ》法

植物油というのは、昔は臼《うす》で挽《ひ》いて粉にして、圧縮してから絞《しぼ》ったいい油だったんです。ところが今は、もう大量生産の時代になってしまって、大豆をヘキサンという揮発性の高い石油の中に入れるそうなんです。それをそのまま放置しておくと、大豆から油が分離して、大豆カスと油に分かれます。それに250度の高温を加えると、ヘキサンが蒸発して大豆カスと油だけが残ります。そしてその大豆カスを絞ると、簡単に油だけが採《と》れて、何百円という安いお値段で植物油が手に入るというわけです。

ところがこれが問題だということが以前から医学的に言われているんです。250度で加熱したときに、ヒドロキシノネナールという毒が発生してしまうからなのです。

そしてその植物油を摂り過ぎると、その毒がどんどん体に入ってきてしまうんですね。

ちなみに世の中に出回っている植物油の90%には、ヒドロキシノネナールが入っているそうです。マヨネーズやポテトチップスなどをはじめ、いろいろな料理に使われているので、アレルギーからアトピー、精神の不安定や生理痛、不眠症を引き起こす原因になるんです。

少子化、不妊の原因も、元をたどれば油が犯人⁉

また、少子化になってしまう原因も、実はこの油の害によるものだ、という研究があります。

今、男性の精子の数がとても少なくなっていることはみなさんもご存知だと思いますが、私の鑑定に来られる人からも、お子さんがなかなかできないお悩みをよく聞きます。

その原因が、やはり精子の数が少なく、元気もないようで、子どもができないケースが多いようなのです。

油の摂り過ぎがよくないんですね。

これが女性の場合になると、不妊症や生理不順、足の冷え、それから子宮内膜症など、生殖器に関わる病気になりやすくなって、これも少子化の原因になるので、油の摂り過ぎは避けましょうということを申し上げておきます。

それから、面白い発見をご披露します。

私は油が苦手なんですけれど、それは昔に油を食べ過ぎてしまったからなんです。それで油を体が受け付けなくなってしまったんですね。

だから太ろうとすると大変なんです。

みなさんは、油を摂れば太れるじゃないですか。私は油も甘いものも苦手なので、太ろうと思うなら、いろいろ量を食べるしかないんです。

そんなある日、私は発見したんです。1日の摂取カロリーが1600Kcalを超えると、100Kcal余分に摂るごとに100gずつ体重が増えるんです。

ですが、1500Kcalくらいしか摂れなくて、100Kcal少なくなってしまうと、そのたびに100g体重が減るんです。本当は油を食べれば楽にクリアできるのですが。

まあ私の場合はそういうことになっているんです（笑）。はい。

世界有数の長寿村には、植物油を抽出《ちゅうしゅつ》して食す習慣はない

さて、それはともかく、次のような話が出ています。

自然医学界の会長の、森下敬一先生という方が数年前までいらっしゃったのですが、その先生は世界の長寿村を毎年、いろいろと訪れていまして、フンザやコーカサス地方、ビルカバンバ、それから中国の奥地など、計67か国をめぐる旅を続けておられました。

そしてそこには100歳を超える人などゴロゴロ居るどころか、110歳、120歳以上の人もゴロゴロいらっしゃるんだそうです。

そこでこうもおっしゃっていました。長寿村には、寝たきりや要介護の老人は居らず、140歳を超えても田畑を耕し（体を動かし）、イキイキと人生を謳歌していると。

さらに**世界の長寿村には、植物油を抽出して使う習慣はありません。自然の植物の中に含まれている油をそのまま食べている**そうなのです。

また世界の僻地ですので、病院もなければ、薬も一切飲んでおらず、まったくの自然な生活そのままですので、100歳超えて子どもを作ったりといった例もあって、やはり元気なんです。

加えて精製していない穀物を食べているということでした。ですので、世界超長寿エリアの地域の人たちは、植物油などは使っていないのです。

健康寿命を延ばす⑫

これが長寿家系の秘密だ！

ビックリ！　短命家系に生まれて、長寿家系に嫁いだB子さんの話

さて、健康の話を続けます。これは鑑定の際に、お客様B子さんにお聞きしたエピソードなのですが、B子さんのご実家や親戚は、みんな40代、50代、60代で亡くなってしまうような、とても短命な家系だったらしいんです。

ところがその家のお嬢さんであるB子さんが嫁いだ先が、それはすごい長寿の家だったんですね。95歳、１００歳以上の人がたくさんいるような家で、１０５歳を超える人もいたそうです。

B子さんはいったい何故なんだろう？　と思っていたのですが、あるときわかったらしいんです。

その長寿一家の人たちは、みなさん小食だったのです。

Ｂ子さん一家が今まで食べていた量の半分くらいだったのです。

たとえば今まではサンマなら１匹食べていたのが、その家ではサンマがきれいに半分に切ってあって、一人分につき半匹が出てくるそうなんですね。

腹八分目に医者いらずと言われるように、やはり小食は長生きの秘訣というお話でした。

96歳の長生き高校恩師の語る、長寿の秘訣

そういえば、私が数年前に高校のＯＢ会に出席しましたら、高校時代の体育の恩師が92歳で元気に参加されていました。

そこで「元気で長生きの秘訣」を伺ったら、

「食べ過ぎないことだよ。腹八分目」とおっしゃっていました。今も96歳でご健在です。

また亡くなる１０６歳近くまで現役医師として検診にあたっていらっしゃった、聖路加国際病院の名誉院長の日野原重明先生は、

「食べ過ぎが、体に一番悪い」とおっしゃっていました。ご参考まで。

健康寿命を延ばす⑬

長生きする相を教えます

人相で見る四つの長寿ポイント

それではここで、私の専門である、長生きする人相（私は人相の本も書いています）についてみなさんにご紹介をしておきます。

まず、眉毛《まゆげ》に長い毛が1～2本ある人。みなさん、ありますか？ これは長寿の相です。

孔子さんにもあったらしいですね。実際、私のおじいさんにもあり、96歳まで生きていました。91歳で亡くなった父親にもあったのですが、これがどんどん伸びてくるものですから、目に入って困ると言っておりました。それで散髪屋に行くたびに切られてくるんです。「それはとてもいい相なので、伸ばしたままのほうがいいよ」と伝えるのですが、やはり目に入るからと言って切っていました。

この相は名声天下に轟《とどろ》くというような、強い運を持った人を表しています。そしてこの相が出ていて、自分が出世しない場合は子どもが出世をします。

そしてとっても長寿です。

そもそも眉毛というのは対社会との人間関係や家族関係を示すのですが、これがとても伸びている人はいろいろな協力者の助けを得たり、援助者に恵まれます。

付け加えれば、この毛は切っても大丈夫です。また伸びてきますから。


耳の大きい人は長寿！


それから次の長寿の相は、耳が大きいことです。

耳の大きい人は長寿です。そして運が強い！　大きい耳を持った人は絶倫というか、大変精力的で、もうやる気に満ち溢れて元気なんです。

ちょうど耳の形というのは、体でいうと腎臓と同じような形をしているんですね。

だから耳が大きい人は腎臓も丈夫だし、精力にも関係があるんです。


経団連会長の平岩外四さんの、大きな耳！

今まで私が見た中で、一番耳が大きかった人と言えば、平岩外四さんという元経団連会長を思い出します。

私は経済誌の取材で手相を観に行ったときにお会いしましたが、耳の大きさがすごいんです。もう遠近法が効かないんですね。何しろ近くに居る人の耳より、遠くにいる平岩さんの耳のほうが大きいんですから（笑）。

思わず「ご立派な耳ですね」と言ったのですが、

「いや、みなさんにそう言われるんですよ」なんておっしゃっていました。

とてもすごい福耳で、迫力があるんです。

さらに大きな耳の人はパワフルで、平岩さんは一生のうちに3万冊の本を読んだということです。

3万冊も読むには、寸暇を惜しんで毎日1〜2冊は読むペースです。なのでどんなに忙しくても、寝る前には1時間は読書、空いている時間も読書、移動中も読書、ですから、普通の人だと疲れてしまうものです。

それでも休もうともせず本を読むわけですから、よほど元気なんですね。

それから宴会で飲んだ後、酔っ払って帰っても必ず1時間は読むという、そんな体力があったということです。

そして強運な大きな耳を持つ平岩外四さんが経団連会長時代は、日本はバブルの真っ最中でした！

あんな強運な大きな耳をした人が、日本の経済界のトップに君臨していたら、日本にかつてない大バブルが来るのは当然と言えば当然です。

実際に来ましたから。

トップの人の運気が、その国や組織の運を支配する！　という法則があるんです。

健康寿命を延ばす⑭

自分にはなくても、パートナーに吉相があれば、運をもらえる

そして平岩さんは92歳まで生きていらっしゃいました。耳の大きい人は長生きもするんですね。

ですからみなさんも、自分の耳が普通より大きければ運が強いと思っていいでしょう。

あるいは**自分の耳はちょっと小さめだな……と思う場合は、耳の大き目な人と結婚するか、耳の大き目のパートナーを選ぶといい**ですね。

それで大丈夫！

もちろん長寿や強運は耳の大きさだけではありませんので、他の部位と合わせて、補っていく作戦で、いい運を取り込みましょう。

耳毛があれば、長寿です

それから次の長寿の相は、**耳毛があることです。耳毛が１本でも生えていれば、長生きの相、吉相です。**

耳というのは、実は運気が入ってくるところなのです。左耳から入って右耳から出るという、エネルギー循環の法則があるのですが、だいたいそのエネルギーが通過するところに耳毛があるということは、エネルギーの強さを意味しています。

ですのでみなさんもよく見てみてください。これも、耳の中のどの部分からでもいいですから、チョロっと1本でもあれば、大吉相です！

あとは**人相で言うと、顎《あご》がしっかりした人は晩年運がとても良いです。**

ちょっと口の周りや顎が寂しいかなという方は、髭を生やすといいですね。すると晩年の運気を補えます。

顎は晩年の様子を示しているので、ここが立派な人は元気に長生きします。

健康寿命を延ばす⑮

歯は健康の大切な要素

歯は精力、生命力と関係する

続いては歯です。

歯は、その人の精力や意欲ととても関係があります。今、80歳で自分の歯が20本残っているのが理想と言われていますが、そうであれば長生きしますし、とても健康寿命が延びると言われています。

昔に比べると、ここ30年で男女とも、歯が7本くらいは残るようになったらしいです。昔は総入れ歯だったりしましたが。それで日本国民の残った歯が7本くらい増えて来たら、平均寿命も7年延びているんですね。歯はそれくらい寿命と関係があるんです。

ちなみに石油王のロックフェラーは、98歳10か月まで長生きしたのですが、自分の歯が全部残っていて、虫歯が1本もなかったそうです。そういう人は長生きします。

私も何人か会いましたけれど、「全部自分の歯だよ」とおっしゃる方は１００歳を超えていました。

考えてみればアメリカにおいて、当時のロックフェラーの98歳10か月は、今で言ったら１０６歳くらいの感じです。当時の平均寿命が59歳だった時代ですから。

やはり歯というのは長生きのために大事なものなんです。

歯がなくなったら、人工的にいい歯を入れよう

ですが今の時代は、歯がなくなっても、結構いい歯を入れられます。ただし合わない歯のままでいると、よく噛めないので寿命が縮みます。

歯がなくなった場合はきちんといい歯を入れて、しっかりと噛めるようにしておきましょう。

「母の歯が悪くなったときから、認知症が始まった」という話は、たくさんの人からお聞きします。

そのことも、付け加えておきます。

健康寿命を延ばす⑯

夢と意欲が体力の根源

人間は、目的がないと急激に衰える生き物

もちろん多くの方は、いつまでもイキイキと、元気でいたいと思われますよね。そのためにはズバリ、人間は適度に忙しくしていましょう、ということをご提案します。

これは、人間はやることがなくなった途端に生命力が衰えて、老け込んでしまうからなんです。これはもう、間違いありません。

先ほどお話ししましたように、大体社長さんたちは引退すると、3年くらいの間に大病するか、寝込んでしまうか、亡くなってしまう、ということになります。本当におかしなくらいに、そうなってしまうんです。

目的を持って生きる人が勝ちなのです。

そして事業などなくても、年寄りの幸せの元とは、今日何か用事があること。すなわち今

日やることが一つでもあることが年寄りの健康の秘訣という話があります。

今日やることがあれば、肉体も頭脳も使うわけです。使っている肉体は若々しさが維持されますし、使っている頭脳は衰えません。やはり、どちらもずっと使っていないとダメなのです。

健康寿命を延ばす⑰

他の役に立とう！

長生きの資格とは？

さて、次にアメリカの預言者、エドガー・ケイシー（80年前に没）のお話をしましょう。

ケーシーはリーディング（4次元以上の世界にあるものを読んでいる、ということからリーディングという）により、長生きをすることを願うある初老の女性に、こんなアドバイスをしたそうです。

「何事も度を過ごさず、中庸を得るようにしなさい。そうすれば、あなたは98歳まで生きられます。

もっともそれだけ長生きをする価値があるような生活をすれば、です。しかし、あなたは人に与えることのできる何かを持っていますか。与えるべき何かを持っていないなら、長生きをして、人の邪魔をする権利はないはずです。

何か与えることのできるものを持ちなさい。そうすれば、あなたに価値がある間は生きられるでしょう」（エドガー・ケイシー）

これは医学的データでも示しているように、

「他の役に立っている内は、人は死なないし、他に役立ちたいと願っている内は、生命力が強い」のです。

ただし一人ひとりに、生まれたときに定められている寿命や幸せ度（前世の行いで決まる）というものがあり、それを基本に、今世にいかなる生活をしたかが加味され、寿命を延ばしたり、縮めたり、幸せになったり、不幸になったりするのですが……。

健康寿命を延ばす⑱

認知症に一番効果的な心理状態とは？

認知症を防ぐ生き方

ところで、いくら長生きをしても、ボケてしまったらよくないですね。

最近よく言われているのは、認知症という症状は、何歳で発症したとか言われますが、あれはもう、発症の25年前から始まっていると言われています。25年くらい前から徐々に徐々に進行しているんですね。

ですからみなさんも、今は普通でもちょっとずつ認知症に向かっているのではないかと心配されているかも知れません。

では、その対策についてちょっとお話しておきます。認知症についてのこんな実話があるんです。

私が盛岡に講演に行ったときのこと、盛岡駅から乗ったタクシーの女性ドライバー（50

代）の方と、車中でお話をする機会があったのですが、一時期、その女性のお母様が認知症の様子がどんどん悪くなっていったんだそうです。

そのときお母様は誰にも会わずにテレビばかり見ていたせいか、本当にひどい状態になって、もうダメかと思ったこともあったらしいのです。

そこでどうしたかというと、とにかくお友だちやお客さんをどんどん呼んで、お母様に応対してもらうようにしたのだそうです。

一緒に買い物にも行ってもらって、料理も作ってもらったりもしたそうです。

人に会って、ちょっと緊張したり、刺激になったりする環境を心がけて作ったら、ナント！　お母様はみるみる治って、元に戻ったとおっしゃっていました。

これは参考になる話だと思いませんか？

ですから、**張り合いが出るようなこととか、刺激や緊張を感じる機会を持っていると、認知症は出にくい**と言えると思います。

人間には緊張感が必要なのですね。

何もすることがないと、誰だってボケてきます。

また、緊張するような刺激がないと、ボケてきます。

認知症にならなければ、人生いっぱい楽しめますよ。

第2章

大安心に至る生き方

——安心は幸せの大切な要素。時間をそこに使う

第2章 大安心に至る生き方

――安心は幸せの大切な要素。時間をそこに使う

それでは本章では、幸せになるために欠かせない、**大安心に至《いた》る生き方**について、お話しします。

やはり将来が不安ですと、心の底から幸せを感じたり、楽しんだりできません。

よくある不安、心配はといえば、お金の心配ですね。そのことに関しての解決法・開運法は、第2章と第3書の最後の方でご紹介していますし、前著『あなたは才能を15%しか使っていない』の中で詳しく述べていますので、そちらをご覧ください。

本章ではその他の心配事である、生や死に関してのこと、病気に関してのことなどを中心にお話ししていきます。

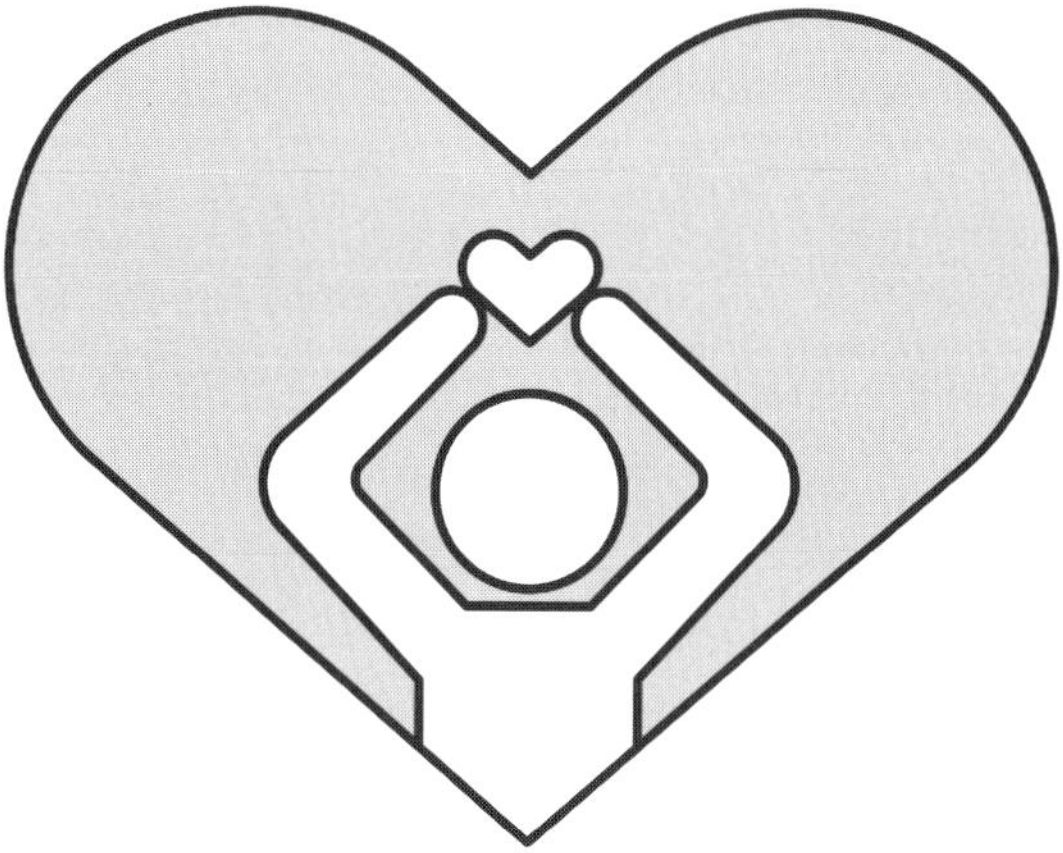

安心して生きる方法❶

死について悟る

死を考えて生きる

では、大安心して生きるために、ここでは死についてお話しします。
人は誰もがいつかは死にます。人間の死亡率は100％です。
でも、自分の死のことについてはあまり考えないし、すすんで話もしないものです。
友だちと死について話して盛り上がった、という話はあまり聞きませんものね。
でも、死に対してはある程度はちゃんと理解しておかなくてはダメですね。
そうでなければ安心して生きられません。だって死は生と隣り合わせなんですから。

私たちは、病気や事故では死なない⁉

以前鑑定した、80歳代の男性のエピソードをご紹介します。

この方は何と4回もがんにかかって手術をなさっているにもかかわらず、80歳代まで生き延びていらっしゃるというすごい方なのですが、手相には無茶をしない限り、１０２歳まで生きられることが記されていました。

ですから私は、その方に申し上げたのです。

「人間というのは、病気や事故で死ぬのではないんです。人が死ぬときは寿命が尽きたときなんです」

そう申し上げました。すると、

「でも、病気で亡くなる方がたくさんいらっしゃるのでは……」

と質問がきました。それについては、

「正しくは、その人は寿命が来たので病気になってお亡くなりになった」

というのが本来の解釈です。

簡単に言うと、**「人は病気や事故で死なない。寿命で死ぬんです」**。

安心して生きる方法❷

寿命があると考えよう！

寿命を左右するもの

さらにこんな話もあります。飛行機に乗っていたら、突然扉が開いて、いきなり外へ放り出されてしまった男性（クロアチアの音楽教師）がいたんです。しかし運よく落ちたところに干し草が山盛りになっていて助かりました。3日間は昏睡状態だったそうですが、無事に回復しました。

ちなみにこの男性はとても数奇な運命で、ほかにも7回も死にそうになった経験をお持ちでした。

ですから寿命が尽きていない人は、病気や大事故に襲われても、やはり生き延びられるんです。ところが寿命が来ますと、餅《もち》が喉に詰まったり、転んだだけでもお亡くなりになったりしますし、何かの拍子に自殺したくなって死んでしまう人もいます。

まだ生きる！　と思えば生きられます

寿命を延ばすにはどうしたらいいのでしょうか。これは**徳を積む生き方をすること**が大切になります。

また、前述した飛行機から落ちてしまった男性の話ですが、この方はクロアチアに住む、元音楽の教師で、このニュースに出たときは81歳でした。そして６回の結婚をなさっているのですが、最後の奥さんが大変に運のいい方なんです。

何しろその方との結婚後に８０００万円の宝くじを当てているんです。つまり運のいいパートナーを持つと、自分まで幸運な人生が送れるというのは確かなことがわかります。

そして**人間は、病気や事故では死なない、寿命が尽きたら死ぬんだと思うこと。**

でもそうはいっても、自分の寿命なんてわかりませんから、**「俺はまだ生きるぞ！」と思えるなら、寿命はまだあり、生きられると考えましょう。**

安心して生きる方法❸

最先端の医療を活用しよう！

血液少量で、各臓器のがんが予見できる

現代ではがんの治療も、陽子線治療といった最先端の方法が出てきましたし、血液であらゆる病気がわかり、治せる時代になってきていますので、以前よりは随分安心できると思います。


現在は、少量の血液採取で、体のあらゆるところの状態がわかる時代がきています。

たとえばたった1回の少量の採血だけで、複数のがんの可能性や生活習慣病のリスクがわかる「アミノインデックスがんスクリーニング検査」という方法があります。

この方法は、保険適用外ですので税込み2万8000円ぐらいの料金で、全国200か所ぐらいの病院で診察が受けられます。

私は毎年のように1度受けていますが、わずかな血液採取で、がんになっている可能性が

わかります。

男性は五つ、胃がん、肺がん、大腸がん、すい臓がん、前立腺がん。

女性は七つ、胃がん、肺がん、大腸がん、すい臓がん、子宮がん、乳がん、卵巣がんがわかります。

ですから健康状態において安心できる時代はどんどん近づいています。喜ばしいことですね。

安心して生きる方法❹

「あの世」はあると思って生きよう

安心して生きる思考法

ところでみなさまの手相を観ていると、本来は長生きする人が多いなと思わされます。90代まで生きるなんてザラです。

ただし、体を酷使して命を縮めている人もいます。

手相で寿命は測れると言っても、それを知って、寿命を延ばそうと正しい努力をすれば、短めの寿命の人も、長い寿命に変えることができます。

また反対も然《しか》り。本来、長い寿命を持っているのに、元気だからと体力を過信して、暴飲暴食で命を縮める人もいます。また体に良くない薬を取り込んで命を縮める人もいます。

そしてそれらはともかくとして、すごい時代がきたなと思います。先ほどの「アミノインデックスがんスクリーニング検査」で病気のリスクがわかったり、再生医療等の治療の進歩で病気もいろいろ治るようになっていますから。

ただ、そうなってくると**今度は「死ねない」という悩み**が出てくると思います。

死ねないとなると、お金の問題も浮上してきますよね。長い老後の資金をどうするか……。

この辺のことについては本書の終わりの方でいい解決策をお話しします。

あの世はあるかないか？

それから人が大安心に至るには、やはり死後の世界があるかないかということを、それぞれがどう捉えているかがポイントになります。

まあ死後の世界が、１００％あるという確証はありませんが、それでもたとえば好き放題に生きて人を傷付けたり、散財したり、人をだましたり、窃盗したりなど、いろいろ悪さをした挙句に死んだとしたら、これは地獄で大変な目に遭う結果になります。正確には、大変な目に合う可能性がある、というのが正しいです。

ですから、どう生きるかは、人生最大の賭《か》けにつながると思います。

『どんな賭けかって⁉』それは……。

死後の世界があると思うか、ないと思うか。一番安心な生き方は、これ！

死後の世界はあるんだと思って、人助けをするなどいいことをたくさんして、清く正しく生きていけば、安心して死んでいかれるはずです。

仮に死んであの世がなかったとしても、別に後悔はしないと思います。

また死んであの世があったなら、いいことをたくさんしてきた人は、それは良かった結果になります。

そもそも死後の世界があるとか、神仏が存在していると思って生きていくほうが、歯止めがかかりますし、自分を律して生きていかれることでしょう。

反対の場合は大変ですよ！

今度は反対に、死後の世界なんてないさ！　と思って、好き勝手に、周囲の人をたくさん苦しめて不幸にして死んだとしても、あの世がなければそれでいいです。

しかし死んでみたら、あの世があった場合、それはどえらいことになります。地獄で長い間苦しむことになりますから。

それを考えると、あの世はあると思って、精一杯、人様にできることをして感謝されて亡くなるほうが、実に賢いと思います。

死後観や宗教心がなく、好き放題に生きたら⁉

ちなみに世界の国によっては、もう宗教、神仏を全否定している国もあります。芸術否定の国もあります。

ですから、そうなるともう好き放題でめちゃくちゃです。他国に侵略して何百万人も殺害したり、それも普通ではない、酷いやり方で殺してしまう。

神も仏もないと思っているから、平気で人をだますし、そんな残忍なことができるわけです。もう野蛮人です。

世界中のほとんどの人は大体何か信仰を持っているものですが、持っていない人はバカを思いっきりします。

もっとも宗教心があっても、間違った宗教観は戦争をしたり、間違ったこともしますが。

そしてそんな無信仰な国は、次から次と、他国を侵略していくことを当たり前に考えています。

ですからとても高慢で威張り散らしています。信仰がないと、こんな有り様になってしまいます。

うんですね。

さらにある国では、トップ100人の幹部で、1000兆円の隠し貯金をしていると一部で報道がありましたが、人々に平等に分けることなど考えもしないのは、神も仏もないからですね。やれやれ、と思います。死後大変では……と、心配しています。これって余計なことかな（笑）。

そんなわけですから、やはり**あの世はある、神仏は存在すると思って生きていくほうが絶対にいい。**少なくとも死後が保証されていますから。

それでこそ大安心に至る生き方になるでしょう。

安心して生きる方法⑤

あの世はとっても楽な世界だった

死後の世界を見てきた、私の父親の話

私の父親は信仰が特別あるわけでもなく、芸術や占いに関する興味もあまりない人でした。とはいっても、後になってわかったのですが、生前、神社やお寺にいろいろ寄付をしていたようですから、そういうそぶりを見せなかっただけかもしれません。

大変真面目で愛情深く、私から見てもとても人間的に素晴らしい人でした。神社、お寺以外にも、たくさんの寄付を、いろいろなところにしていたようです。でも測量事業で成功し、鳥取大学で測量学を教えていたくらいですから、いわゆる現実的な人です。

その父が、85歳のときに一度死にそうになったのですね。

病院でベッドに寝ている父の様子を、見舞いに帰郷した私は、苦しそうだなと思って見て

いたんですが、何と本人はそのときのことを回復後ベッドの中で、「とっても気持ち良かったよ」と述懐《じゅっかい》したのです。

「きれいなお花畑のようなところにいたよ。傍《はた》から見たら苦しそうに見えただろうけど、とってても気持ち良くて、快適だった」

と言っていました。

そのときは医師が一生懸命助けようと頑張ってくれていたので、無事に蘇《よみがえ》ったのでした。

あの世を見てきて、人生観が変わる

そして自分が実際に素晴らしく気持ちがいいあの世を見てきたものですから、それ以降、本当に死ぬときが楽しみだよ、と言っていたほどで、すっかり人生観が変わってしまいました。

ですからその6年後ぐらいに、父が大安心しながら亡くなったのを見て、やはり死後の世界については理解しておいたほうが、要らない心配をしなくていいんだな、と思わされました。

気持ちの良いあの世から生還して

　ある生死をさまよった外人さんの記事を見たことがあります。病院でその方は生死をさまよいました。実はこの方も、あの世でとても気持ちが良かった、という体験をしたのですね。

　それで治療の甲斐あり、自分の肉体に帰還し、目が覚めた瞬間に、また苦しい肉体でベッドの上とわかって、目の前の医師に向かって、

「余計なことをするな！」と怒ったといいます（笑）。

　とっても気持ちの良いところに行っていたのに、また引き戻すな、ということです。

安心して生きる方法❻

車に撥《は》ねられる直前から、意識がなく、痛みなし

先日鑑定にいらっしゃった、車に撥《は》ねられたことがある女性M子さん（47歳）から、こんな話を伺いました。

彼女は、小学校の5年生の5月に、自転車で道路に飛び出したときに、車に跳ねられ電線の高さまで飛び上がったほどの大事故に遭いました。目撃者の証言です。でも彼女、道路に飛び出した辺りからまったく記憶がなく、気が付けば病院のベッドの上だった、といいます。つまり、車にぶつかる直前から意識がなく、車に跳ねられた痛みなどまったく感じないまま、2日ほど意識がない状態で経過しているのです。

こんな話は、他の人からも幾つかお聞きしたことがあります。

人は痛みを感じる前に、自動的に痛みから解放されるのでは……と思います。

そうだとすれば、大変ありがたい神仏の慈悲だと思います。

安心して生きる方法 ❼

今の人生は前世からの続きである、と覚《さと》る

人間は生まれながらに不平等ですが……

最近よく聞くことに、子どもはお母さんを選んで生まれてきたという話があります。

子どもって、大体5歳くらいまでは前世の記憶とか、生まれてくる前の記憶や生まれたときの記憶を持っていると言います。

5歳を過ぎるとその記憶もだんだん薄れてくるらしいんですが、「ママを選んでやってきたよ」と言う子どもが何千人もいます。

そして口々に、「ママが優しそうだったから」「素敵だったから」と言っています。

ということは、どこかで生まれる前から生きていたということでもありますよね。

私は、赤ちゃんが生まれてきたときに、すでに手のひら（手相）に性格や才能、それから一生の運命を物語る線が刻まれているのは、前世の続きを表していることだと考えています。

生まれた直後の子どもの手相を観たことが何度もありますが、もう人生の一生のストーリーが刻まれているんです。何時恋人に出会って、何時結婚するかなどまで。

大変面白いことだと思います。

また、人間は生まれながらに不平等なところがあります。ものすごいお金持ちの家に生まれたり、貧乏な家に生まれたり。また長寿の家系に生まれたり、短命な家系に生まれたり、才能の有る無しもそうです。

ですから、運のいい人とそうではない人の差は、はっきり生まれたそのときからあります。

これを私の著作『手相家ＭＩＣＨＩＲＵ』第1巻でご紹介しました、**「平等の不平等の平等」**と言います。

どういうことかと言うと、**元は人は平等であったが、前世の行いによって、その人の運命に差が出た、そうして不平等な今の人生がある、**ということです。

今世でものすごく頑張って、たくさん良いことをすれば、来世ではお金持ちの家に生まれたり、美人に生まれたりしますが、怠けたり、悪いことばかりしていれば、次に生まれてくるときは生まれながらに貧乏だったり、容姿に恵まれなかったり、体が弱かったり、あるいは不仲の家族の家に生まれる、などとなります。

そもそもの最初はみんな平等だったのですが、怠けたり、好き勝手な行動をしたことで不平等が生まれたわけで、その差が誰にでも平等に出ている、ということです。

つまり、平等の不平等の平等だから、我々は誰しも今、平等なところにいるという事実を知っておくと大安心して生きていかれます。

ですから今、美人の人はそれは幸せですが、美貌にまかせていっぱい男性を騙《だま》したり、傷付けたりすると、次に生まれてくるときは美人じゃなくなりますから気をつけましょう。そうして平等になる。

たとえば今生だけで見ると、とてつもなく悪い人間が成功していたりしますけれど、それには前世での行いが良かった面が影響しているわけです。

そしてこれは仏教でも神道でも言われていることですが、今、置かれている状態というのは、今の自分にぴったりの状況であるということも覚えておくといいでしょう。

そもそも人生はこうなっているんですが、大きくいえば、

「人生の60歳までは前世の行いで決まり、60歳以降は、今世自分が生きてきた反映である」

これがわかると、頑張れますね。

安心して生きる方法❽

大安心の手相を知り、自分のベストな生き方を知る

大安心が得意な人の手相の特徴４選

それでは今から、大安心が得意な人の手相をご紹介します。

①**まず、手のひらに小ジワがないこと**です。

たいてい小ジワは普通はあるものですが、大安心が得意な人には小ジワはほとんどなく、主要線である生命線、知能線、感情線、そして運命線だけがドーンと目立つといった人です。

主に体育会系の人に見られる相ですね。とにかく**一切取り越し苦労をせず、心配もしないという、楽天的なタイプ**です。

反対に、小ジワがたくさんある人は、すべてが気になって仕方がないし、「大丈夫かなあ」が口癖だったり、こだわりも多い人です。

②**そして知能線の起点が生命線の起点と離れている人も、あれやこれやとこだわらない性**

格が特徴です。

この『離れ型』の人は、何しろ「どうにかなるわ」といった、超楽天的なところがあります。一見おとなしく、物静かだったりする人もいます。

ですが、本当はハチャメチャで、面白い人だったりして、そのギャップが魅力的でもあります。

逆に知能線が生命線の途中（生命線の上から3分の1辺り）から出てくっついている『くっつき型』の人は、いろいろと心配が尽きないタイプです。

③続いては知能線が短いことです。こういう人は、あれこれ考え過ぎずに、直感でパッと行動してしまう傾向があります。

一方、知能線が長い人は考え過ぎてなかなか腰を上げません。

④最後は生命線が外に流れていること。こういう相の人は悩んでいるより行動に出るタイプです。とにかく体を動かしていると元気が出て、調子もいいという人です。

じっとして苦悩しているより、お酒をガッと飲んでストレス解消するとともに忘れるとか、大いに活動して汗を流すことで、すっきり解消、大安心という気質を持っています。

①小ジワのない手

この線だけで、あとの線はほとんどない人
は楽天的で、こだわらない

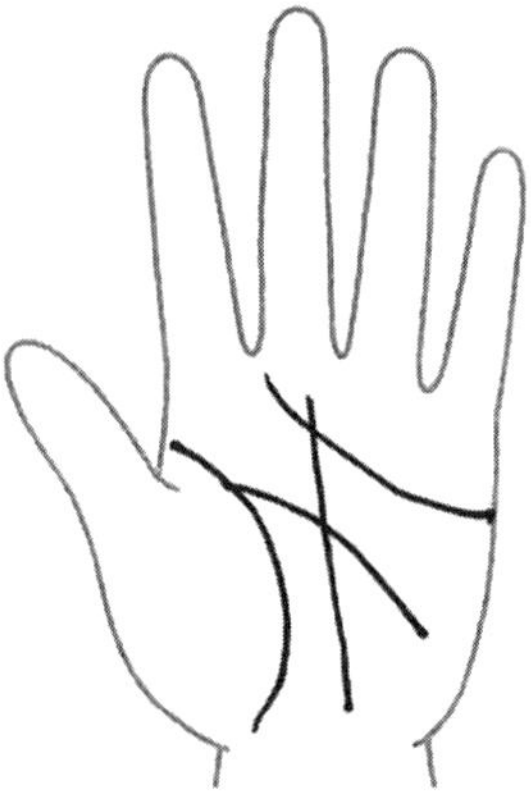

②離れ型の手

生命線と知能線の起点が離れている人
ここが離れるほど、超楽天的に！

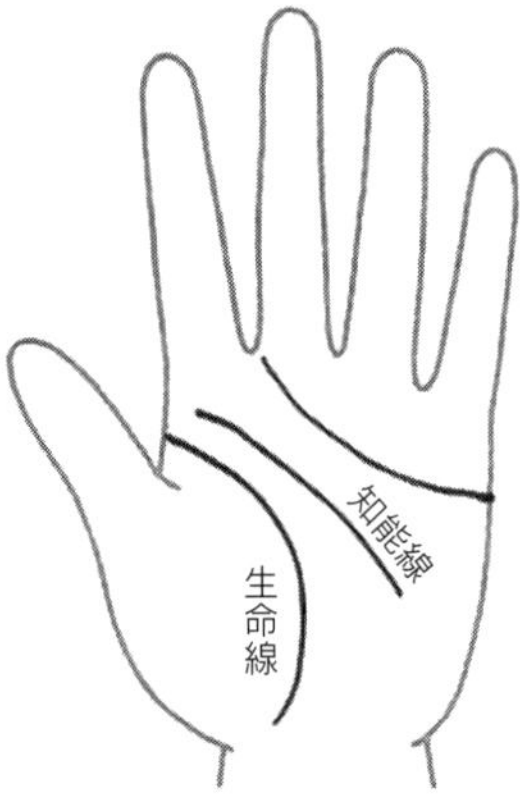

③短い知能線

短い知能線の人は、あれこれ考えない人で、
直感で生きる

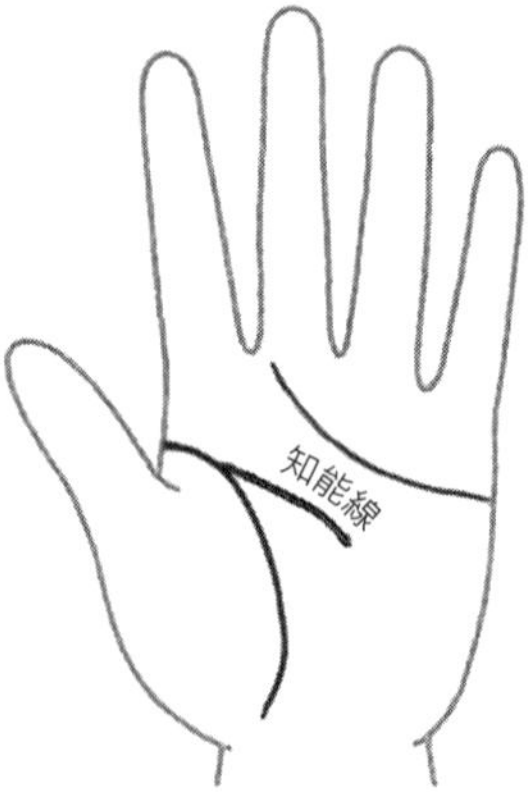

④生命線の外流れタイプ

生命線が外に流れると、行動派！
体を動かしていると、元気が出てくる

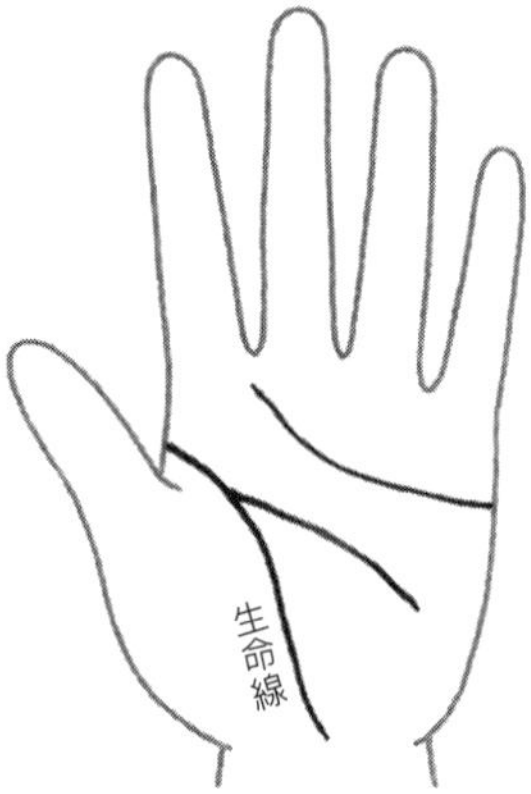

安心して生きる方法⑨

「自分の一芸」を身に付けよう

宝くじが1億円当たったら、30年間、毎月いくら使える？

みなさんにとっての心配の種といったら、やはりお金のことが挙がるでしょう。お金に関する心配は尽きないものです。

私もあるとき、お金に詳しい女性に聞いたことがあるのですが、その人はこう言っていました。

「先生、**1億円あったら大丈夫です**。安心していられますよ」と。

どういうことかと言えば、たとえば今65歳の人が95歳まであと30年生きていくとします。それを考えて1億円を30で割ると、おおよそ1年につき333万円使える計算になります。**つまり1か月あたり27万7000円で暮らせるわけですから**、悪くはないですね。

ですが問題なのは、長生きしすぎてお金がもうない……という状況に陥《おちい》ったときです。

こうなると困ってしまいます。ですから経済的な大安心に至るには、ある程度のお金を持った上で、なおかつ毎月定期的にお金が入ってくるようなシステムがあることが大事でしょう。

老後も入ってくる収入源を持つ

経営の神様と言われた松下幸之助さんも、まとまったお金があっても、定年を迎えて収入がなく、どんどん手持ちのお金を切り崩し、その額が減っていくのは寂しいものですよ、とおっしゃっていました。

そこで**一番いい方法は、生涯にわたってずっと収入が入るような道を作ることです。**

例の「老後2000万円問題」について不安を訴える人もいますが、逆にこれまで工夫し頑張ってきた人はしっかりお金を貯めていますから、ここで生き方の差が出てしまいます。

ですので私は、**これからはどなたも、自分の一芸（何か得意な技術）や資格を身に付けることをおすすめします。**

仕事がなくなることを心配なさっている人もいますが、心配ならまずは自分の一芸を身に付けた上で、自分の居場所を作っていきましょう。

たとえば経理が得意なら、会社においてはなくてはならない人ですから、リストラの対象にはなりません。

営業が得意であれば、その人の存在が会社の発展につながりますから、クビにはならないでしょう。

それからお掃除だったら誰にも負けないわと言えるのであれば、それも大きな役目です。多くの人から必要とされるでしょう。

自分にとって得意なものを一つ身に付けて、自分の活躍する場を作ること、それがお金の心配から解放される、何よりのやり方だと思います。


豪邸を構えるのも、経費が大変！


そして今後は年金も当てになりません。さらには銀行の倒産時代になるかもしれない世の中です。

1000万円まで預貯金は国からの補償はあるとは言え、たくさん現金のある方は大変です。

そう言えば豪邸に住んでいる人など、不安でたまらないんだそうです。泥棒に入られるのではないかと、心配が尽きないんですね。

やはり広い家に住んでいると、夜が怖いそうなんです。そこで今、豪邸を売りに出そうという人も増えています。

聞けば豪邸なだけに、毎月電気代だけでも25万円もかかるそうです。加えて管理費や税金で、毎年1000万円以上が飛んでしまうし、お掃除も大変。つまりは、豪邸を構えていてもまったく大安心ではないんです。

結局、お金の面で大安心に至るには、自分の一芸で一生定期的に入ってくるお金の道を作ることです。今のうちに自己投資をして、一芸を身に付けておくのがおすすめです。

私の手相スクール（手相、方位、人相も学べます）で、修了後に活躍している人は本当に多いです。そんな様子を見ていると、心の底から良かったなと思います。

ちなみに**「魚を与えるよりも、魚を釣る方法を教えてあげるべきだ」**という格言があります。

魚を与えられても、食べてしまえばそれで終わりですが、釣る方法を学べは、一生食べていかれるということです。この言葉をぜひ参考になさって、あなたの一芸を磨いていってください。

安心して生きる方法⑩

病気になる理由と、回復法を知ろう！

病気の真の原因とは⁉

さて、この章の最後にお伝えすることは、大安心のためには健康でなければならない、ということです。

何しろ今、がんに罹る人は２人に１人。そして３人に１人はがんで亡くなっています。がんになったらどうしようなどと心配していたら、大安心できませんよね。

ですが最近はがんも、かなり治る病気になって来ています。

そのせいか、がんを克服した人は、自分は運がよかったと思っていらっしゃるようですが、それは少し違うんです。

何故ならがんをはじめ、病気というものは、生活習慣病で、自分が自ら作り出しているからです。

はっきり言うと、**一流の人というのは健康管理も一流です。**

そこでここでは、なぜ人は病気になるのか、といった根本的な原因についてお話ししていきます。

もちろんお酒の飲み過ぎや過労、それから人に恨《うら》まれるなど、原因はいろいろありますが、それも含め重要な要因である、それぞれの臓器に宿る心理学的かつスピリチュアルな意味を解説していきます。

体の右半分が痛む人は、異性関係にご注意を

まず、**体の右半分が悪いという人は、異性からの恨《うら》みや葛藤《かっとう》が原因になっています。**

誰からも恨まれていないのですが……という方は、女性の場合は、父系の因縁が障《さわ》っているようです。

また夫のことでとても苦しんでいるような女性は、体の右半分が病気になったり、ケガや不調に見舞われます。

先日いらっしゃった60代のお客様は、何故か右側ばかりケガをするとおっしゃるので、私が「ご主人が原因ですね」と言いますと、ズバリその通りでした。

夫のことで長年、相当の葛藤《かっとう》をしてきた人だったのです。

※たとえば、**女性で乳がんの場合、右側なら夫や父問題が原因。左側なら姑《しゅうとめ》問題や同性からの恨《うら》みや過労**、というように判断します。

そんな病気の真の原因がわかってくると、長年の病気も治るし、また病気の予防対策もできるというわけです。

鼻の病気の原因は⁉

続いて**鼻の病気ですが、これは頑固な気質が原因に**なります。素直な人は鼻の病気には罹《かか》らないといわれています。とにかく、俺が俺がという感じの人は鼻が悪くなります。

歯は1本1本が前世の記憶

そして歯です。スピリチュアル的な見解では、**歯の1本1本には前世の記憶が宿っている**とされています。

ですから虫歯で抜けてしまったという場合は、前世の何かが影響しています。

肩は、重荷と責任

それから**肩という場所は、重荷と責任が記録されている箇所です。**プレッシャーが強いときなどは、肩がグッと悪くなりますね。

付け加えれば、女性で右側の肩が痛かったり、手が上げられなかったり（四十肩など）する場合は、夫や息子のことで苦労している場合が多いです。

もうどうにもならない……といった状態では手が上げられなくなる、といったギブアップ状態が体に出ている症状です。

女性で左肩が痛くて手が上げられない場合は（体の左側は同性）、往々《おうおう》にして上手くいっていない姉や妹、母親、姑《しゅうとめ》さん、あるいは女性の上司や同僚が原因での苦しみ葛藤が、原因の場合が多いです。

胃の心理的意味は!?

また、多くの人が悪くしてしまっている胃ですが、胃とは食物を消化する場所ですから、よく噛まずに食べてしまうと消化に負担がかかって痛んだりします。

でも、これは感情についてもまったく同じこと。**胃は、思いをよく咀嚼して、噛み砕いて**

きちんと整理（消化）してから処理するようにすると丈夫になります。もちろんストレスもよくありませんから、常に大らかでいることも大事です。

腸はお金と深い関わりのある臓器です

次は腸にいきましょう。

小腸というのは忍耐力を示す場所です。つまり我慢強い人は小腸がとても丈夫にできています。

一方、**大腸のほうは、表現する能力と関係していて、表現のストレスがあると悪くなる傾向があります。**

そして近年、男女総合では、大腸がんに罹る人がとっても多いのですが、実際に経験された人から聞いたところ、何と１００人が１００人とも、症状として便秘になられたそうです。

便秘がしばらく続いて、最終的に血便が出たりして発覚するらしいのですが、まず**普段お通じが良かった人が急に便秘になったなら、大腸がんの可能性がありますから**、注意しましょう。２日出ないというのは問題で、３日も出なかったら、体調が崩れています。

便秘解消には金魚運動

便秘の対策として、おすすめしたいのは金魚《きんぎょ》運動です。仰向けに寝て、金魚のように腰を左右にゆらゆらと揺らす運動のことです。

専用の機械も1万円くらいで購入できますが、慣れると買わなくても自分で寝転がって簡単にできますので、ぜひやってみてください。

金魚運動は、仰向けに寝て、両手を後頭部にあて、腰を左右にくねくねと動かす運動です。金魚の出目金などが、腰を振って泳いでいますよね。あれです。この運動は便秘解消に効果テキメンですので、おすすめいたします。

先ほど申しましたが、**腸が悪い人というのは、発病する1年以内にお金のことでとても苦しんだという人が多い**ようです。

腸の真ん中から下のほうは、とてもお金と関係のあるところなんです。ズバリ、お金は便と関係がありますからね。

う○ちの夢を見ると、思いがけない金運がある！　ことはご存知でしょうか？　それほど腸と金運はイコールなんです。ですから便秘にはくれぐれもご注意くださいね。

金欠になったら、まず腸を整えましょう。

肝臓の健康を保つには、穏《おだ》やかに、そして諦《あきら》めよくする！

それから、**神経過敏な人は肝臓に注意をしてください。肝臓は神経質な人ほど悪くなります。**

肝臓の健康が気になる人は、とにかく穏やかであること、そして諦めをよくするようにしましょう。

いつまでも諦めきれず、ぐずぐず思い続けたりしていると、肝硬変や肝臓がんにかかりやすくなります。

腎臓の左右

続いて腎臓です。左右にありますが、

左の腎臓は、高遠な理想を持っていないと悪くなってしまいます。理想は高く持って行きましょう。

それから**右の腎臓は、近い未来に対しての夢があれば大丈夫（順調）です。**近々の夢がない場合、右の腎臓が悪くなるので気をつけてください。

心臓は情熱の器官

次は心臓です。心臓とは、希望を現実に変えていくための情熱を司《つかさど》る器官ですので、情熱が欠けてくると、次第に心臓は悪くなってしまいます。ですから何か、燃えて打ち込めるものを見つけましょう。すると心臓は元気になって来ます。

また、これはベテランの看護師さんがおっしゃっていたことなのですが、**心臓の悪い人は、恨《うら》まれていたり嫉妬《しっと》を受けている人が多いんです、**と。そもそも人の恨みや妬《ねた》みといった生《いき》霊《りょう》をもらっていると健康を害しますが、特に心臓にきてしまうようです。

すい臓病の原因と、回復法

そして膵臓《すいぞう》にいきましょう。**膵臓とは精神的な潤いを表す臓器で、知力の充実や豊かに感情表現をする**といったことが、膵臓の健康に関わって来ます。感動したことなどはそのつど言葉にして発したりするといいですね。

副腎の病気は、異性との苦しみや葛藤が原因。その解消法は⁉

最後は副腎です。副腎は腎臓の上にある臓器ですが、ここが悪くなる原因は、異性との苦

しみや葛藤《かっとう》、軋轢《あつれき》といったことです。

ちなみに女性の場合は、愛する人が現れたことでいろいろな葛藤があれど、大好き！　という強い気持ちが湧き上がれば、それでホルモンのバランスが整って、副腎はすぐによくなって行きます。

可愛いペットなどへの愛情も同じ作用があり、副腎を快調にします。

ですから副腎の薬を飲むだけでなく、恋心を抱いたり、ペットを可愛がったりするといった、愛する気持ちというものも大事にしていただきたいと思います。それが副腎の健康法です。

といったわけで、病気については医学療法ももちろん必要ですが、こんな心理学的な側面もぜひ意識して、生涯不動の健康状態を保ちつつ、大安心の人生を送っていただければ幸いです。

病気にならなければ、それによって時間を拘束《こうそく》されることなく、ベストな時間を得ることができます。

第3章

限りある時間、本当にやりたいことをやりなさい

——やりたいことをやっていますか⁉

第3章

限りある時間、本当にやりたいことをやりなさい

——やりたいことをやっていますか⁉

やりたいことをやるイコール、幸せを味わい、幸せになることです。

それでは、自分がやりたいことをやっているかどうか、を考えながら読んでみてください。

私はここ5年ぐらい前から、好きなことをドンドンやるようになりました！

というのも、私もいい年になってきたからです。もう後1か月で私、70歳ですから。

このまま行くと、人生に悔いが残るな、と思ったから、今では好きなように生きています。

「何言ってんの～、これまでも好きなように生きて来たじゃないの～!!」という声が聞こえてきそうですが（笑）。

それに輪をかけて、さらに好きなように生きている、という意味です。

そうすると、いろいろなことがやれて楽しいですね。

そんな私から皆様へのこの章はメッセージです。

人生は楽しまなくっちゃね。

時間の上手な活用術❶

やりたいことができているか、考えよう

やりたいことをやって生活をする……

「あなたは、本当にやりたいことをやっていますか？」

そう問われたら、あなたはどう答えますか？

「う〜ん、やりたいことをやっていないな」とか、「本当は別のことをやりたいの」、あるいは「やりたいことは他にいくつかあるんだ」という方が多いのではないのでしょうか。

本音を言えば、

「やりたいのはやまやまだけど、好きなことではなかなか食べていけないからなぁ……」

そんな方も多いでしょう。

というわけで、やりたいことをやりたい放題やってきている人には、このチャプターの話は響かないと思います。

ですがほとんどの方は、心に突き刺さったのではないでしょうか。

世の中には、「やりたいことをやりなさい」というようなタイトルの本も、よくベストセラーになっていますが、これは多くの方の望みだからですね。

やりたいことを仕事にしている人は、20人に1人

私もたくさんの方から、やりたいことができていない……というお悩みを聞くことがありますが、**実際にやりたいことをやって、それを仕事にして、生活が成り立っているという人は、20人に1人ほどの割合です。**

それで生活が成り立っている人たちですが、割合で見ると思ったより少ないでしょう。そうなんです。やりたいことで食べていくというのはなかなか狭き門です。大抵はみなさん、何か他の仕事をしながら、兼任でやりたいことをやっているという方がほとんどです。

そこで本章では今から、やりたいことがやれる時間の作り方を述べます。

10分の1の労力で、10倍の効果を上げる、とっておきの方法です。

時間の上手な活用術❷

やりたいことがあるなら、やってみよう!

30歳までは好きな道を突っ走ろう!

そこで私の経験上、若い方に伝えたいのは、**どうしてもやって見たいことがあるのなら、30歳までは好きな道を、ひたすら懸命に追い求めていったらいい**、ということです。

また、30歳までと期間を決めておけば、必死に考えて行動し夢実現の可能性がうんと高まります。

また、たとえ失敗してもその後の取り返しは十分につく年齢です。

そしてもしダメでも、それまで精一杯やったんだから、と気持ちもスッキリし整理ができます。

これが30歳を超えても、ダラダラと歌手になりたい、俳優になりたいという気持ちだけで、結果が出ていないのに夢だけ追っているなら、少々問題です。というのは、そんな悪循環に陥《おちい》っている人の成功率は、極めて低いからです。

ですから30歳を過ぎても芽が出なかった場合は、生活を支える仕事を見つけた上で好きなことをやる、というスタイルにシフトしていくのがよいでしょう。

そんな話をすると、「先生、私はもう50過ぎなんですが、やれますか？」

はい、もちろんやれます。それは、本書を読み進めていくと、書いてあります。ご心配なく。

仕事で成功すれば、好きなことがやれる

ある社長さんの話をします。

こんな形でやりたいことを実現している良い例ですので、紹介します。

地方の木工会社の社長Aさん（48歳男性）ですが、この方は学生時代にバンドをやっていました。ですが、その道でプロになることよりも、会社を興していくほうが、食べて行くために現実的な方法でしたので、プロミュージシャンへの思いはあきらめたそうなのです。

ですが、音楽そのものをあきらめたわけではなく、同好の士（全員経営者）を募ってバンドを結成し、現在は、ライブハウスやお祭りイベントの会場で演奏したりしていらっしゃるのです。こんなやり方も自己実現が成功している一つのケースといえます。

社長という仕事をしながらでも、やりたいことはできるんです。

むしろ経営を安定させたら、経済的に、かつ時間的に、やりたいことに情熱をかけることが可能になります。

先日ご自身のライブをYouTubeで視聴させていただく機会がありましたが、なかなか面白いバンドでした。

こういうスタイルは、これはこれで一つの完成形。いいと思います。

生活も家族も守りながら、問題なくやりたいことをやっているんですから、誰も文句は言えません！

時間の上手な活用術❸

成功するジャンルは、3年以内に芽が出る

「3年の法則」とは？

また、何事にも成功するためには、法則というものがあります。

ズバリ、**その道において一生懸命やった場合、運があるなら絶対に3年以内に開花します。**

これはたくさんの方々の成功例を見てきて、間違いないとわかった法則です。

ですから、3年間頑張ってうまくいかなかったら一度考え直すことをおすすめします。

私も占い師を志している方には、最初の3年間が「勝負です」とお伝えしています。

3年間、いろいろな環境で腕を磨くのと同時に、真剣にPRしていけば、必ず仕事として成り立つからです。

なので、**3年やっても評判の占い師になっていないとか、仕事として伸び悩んでいる場合は、速やかに問題点を見つけるようにしましょう。**

３年目に大ブレイクした千昌夫さんの話

ところで**有名歌手になっている人でも、最初はなかなか売れなくても、３年目にブレイクする人はかなり多い**です。

たとえば千昌夫さんは、３年目に差し掛かったときに、いきなり『星影のワルツ』が２５０万枚超の大ヒットになりました。このようなケースは他にもたくさんあります。３年間というのは、その道に運が有るかないかの、大きな目安になると言って間違いありません。

『星影のワルツ』は、初めB面だった

千昌夫さんのデビューシングル『星影のワルツ』は１９６６年に発売されるも、B面だったために日の目を見ず、アレンジを変更してA面にし、再録音したものが１９６８年３月に再発売すると、オリコンチャートの集計で１７０万枚を超える売上を記録する。

１９６６年の発売当初の売れ行きは低調でしたが、千さん自身がB面のこの曲を気に入って歌い続け、全国の有線放送に働きかけてヒットへ導いたそうです。１９６７年頃から各地の有線放送で火がつきはじめ、爆発的ヒット！　累計売上は２５０万枚でした。

時間の上手な活用術④

幸運は待っているだけではダメ。最後はあなたの行動が鍵

歌手　石川ひとみさんは、３年目があと１か月で終わるというタイミングで発売、大ヒット！

３年以内～の実例をもう一つ。

最近の夕刊フジの芸能記事に、歌手の石川ひとみさんの、こんな話がありました。

彼女は1978年5月『右向け右』でデビュー。しかしデビューするも歌手としてヒット曲がなく、芸能界引退を考えていた3年目が、もう少しで終わるという最後の1か月のことです。

1981年4月発売の『まちぶせ』が初めて大ヒット！

彼女は一気に、歌手としてスターダムにのし上がったのでした。

つまり、**丸３年があと１か月で終わる、というタイミングで出した曲が大ヒットしたので**

した。

思い続けて努力していると、チャンスがやってくる、ということです。それも3年以内に。

そして、**何か勝負をかけるときには、期限を決めてかかる**ということです。

真剣になるために、あえて自分にプレッシャーをかける方法です。

それで必死になってやれば、奇跡が起こります。

自分で熱意をもって希望を伝えた

石川ひとみさんの記事を読んでいて、なるほどと思ったのは、彼女が当時を振り返って話していた次の話です。

「実は東京音楽学院の名古屋校に通っていたとき、レッスンの課題曲だったのが『まちぶせ』でした。

歌詞の内容が自分の片思いの経験と重なって、すぐにレコードを買って練習したほどお気に入りの曲でしたから、絶対に歌いたいと思って、初めて自分の希望をディレクターさんに伝えました。

次の曲で辞めようと考えていることは誰にも言っていませんでしたが、他の曲がラストシングルになったら悔いが残ると思ったんです。

そうして発売された11作目のシングルとしてリリースされた『まちぶせ』は、オリコン初登場１００位から徐々に順位を上げ、８月にはトップ10入り。人気番組『サ・ベストテン』（ＴＢＳ系）で3位、『サ・トップテン』（日本テレビ系）では2位に入ったのでした。

つまり3年という時間の法則ともいえる最後の最後に、自分でこの曲を歌いたい！　と強く自分の希望を言い、行動を起こしたことが、大きな幸運を引き寄せたのでした。

そうして今日、デビュー45周年を迎えて、好きな歌手をやっている彼女です。

時間の上手な活用術⑤

期限を決めてやると、奇跡が起こる!?

私は1年の期限を決め、必死に結果を出した！

3年期限の話をしましたが、私の場合は特殊で1年間でした。

というのは、私の両親は鳥取県で測量会社をやって、従業員200名を超える会社にしました。

そして、その会社の後継者は、末っ子の長男（姉・姉・私の順）である私、ということで、私が20歳で作曲家になると決意し、東京へ行くことを決めたものの、本当は家業の測量会社を継がないといけない状況だったんです。

でも、私は音楽や手相の研究をやりたい！　という強い願望が抑えきれず、親に交渉して東京に居続けました。

そこで父親が提示してきた条件は、

「音楽をやりたいなら、1年間時間を与えるから、1年で芽が出なかったら帰ってこい」

そんな宣告でした。

その際、もしも帰る結果になれば、測量の仕事に就くことになっていました。土地を測ったり、橋や道路の設計をする会社の社長として働くわけです。

1年と期限をつけられたことで、本当に必死の思いで毎日、曲の売り込みに走り回りました。

20歳の1月中旬から本格的に売り込みに動き始め、レコード会社、音楽出版社など、何社もギター担いで、売り込みに回りました。その数50社以上。

そして12月の終わりの、父と約束した1年間が間もなく終わろうとするあたりで、1曲、とてもいい曲ができたんです。

帰郷もせず、除夜の鐘を聞きながら作った曲で、**できた！**と思う曲でした。

結果、この曲が音楽出版社のディレクターに認められて、作曲家としてのデビューが決まったのでした。

そのとき思いました。**1年間とか、終りの期限を決めて必死にやっていると、思いがけない幸運が訪れる、と。**

両親もその結果には、私が音楽の道に進むことを認めざるを得なかったのでした。

ですから皆さんも、どうしてもやって見たいことがあるなら、30歳までとか、3年間とか、1年間とか制限期間を決めてチャレンジしてみてください。

情熱をもって精一杯やれば、思いがけない幸運が待っているでしょう。

時間の上手な活用術❻

人生の残り時間を考えると、今行動しよう！

定年が近くなると、人生の「残り時間」を意識する

ところでみなさん、定年が近くなってきた55歳あたりになると、だんだん人生が後半戦に入っているような気がしてきませんか。私はそうでした。

ひたすら仕事を頑張ったり、私生活を充実させようと邁進《まいしん》し続けていても、**55歳の声を聞いたあたりで、ちょっと自分自身の人生が後半に入った、と感じるようになりました。**今までにない不思議な感覚でした。

お金にしても、どんどん使って、どんどん稼げばいいんだ、まだまだこれから伸びていくぞ！　というそれまでの気持ちと、何か違ってくる。

多くの方は、55歳ぐらいで人生の「限り」を意識するようになります。そして、「私の人生って何だったんだろう」。「何だかつまらない人生だったな……」と思う方が本当に多いんですね。

何故そんな寂しいことを思うのでしょうか。それはやりたいことをちゃんとやってこなかったからなんです。


やりたいことがやれていないと、うつ病になる可能性も！


女性の場合は特に、夫のサポートや、家庭のこと、子育てに多くの時間を割いてしまうために、ただただ自分を犠牲にしてきたり、子育てに追われて、自分の時間がまったく取れなかったりと、家族のためにばかりの人生だったことから、フトこれまでの人生がとても空《むな》しく感じられると話す方が多くいらっしゃいます。

ひどい場合にはうつ病に罹《かか》るほど、追い込まれてしまう人が出てきます。

ですが、過去は過去です。もう済んだこと。

これからやりたいことをやっていけば、人生の手ごたえはガラリッと変わってきます。

これまでの人生が不完全燃焼だったと思われる方は、ぜひ今後、やりたいことに手を伸ばしていってください。

大丈夫です！　いい方法をお教えします。

時間の上手な活用術❼

やりたいことがやれる秘訣３選！

人生でやりたいことをやるための３つの方法

それではやりたいことをやる、とっておきの方法をご紹介していきましょう。

【人生でやりたいことをやる秘訣①】先延ばしにしない

まず**「その内やろう、としないで、今スタートを切ること」**を心掛けましょう。

時間ができたらやろうとか、お金ができたらやろうとか、そんなふうに先延ばしにしないことです。

特に時間がないからできないと言っている人ほど、時間ができてもやらないものです。

そして、いろいろ揃《そろ》ったらやろうと思うでしょうが、今やれると思うならすぐにやることです。

というのは、３年後にやろうなんて思っていたら、「体調が悪くなってやれなくなった」とか、「仕事が忙しくなってしまってできない」「親の介護が始まってしまった」などなど、同じ状況ではなくなってしまうからです。

現にコロナ禍を体験した人でしたら、予定していた海外留学もできなくなったり、海外旅行も断念した人も多いでしょう。

あるいは行こうと思っていた有名店が閉店してしまったなど、いつ何が起こるかわからない。

そのため、もっと**条件が良くなったら始めよう、なんて思っていると何時までもできない。**

やるなら今でしょ、ということです。

【人生でやりたいことをやる秘訣②】周囲の目を気にしない

それから、**周囲からの反応を気にしない**ことです。

笑われたっていいじゃないですか。**自分の本当にやりたいことのためなら、人の目などどうでもいいと思える強さを持ちましょう！**

【人生でやりたいことをやる秘訣③】やりたいことの予定を先に決める

この方法ですが、「いつ死んでも悔いはない」と言う大前研一さんに学びましょう！

経営コンサルタントで、国際ジャーナリストでもある大前研一さんには次のような名言があります。

それは「やりたいことは全部やれ！」というものです。

どんなに忙しくても、遊びをエンジョイすることは忘れずに、いつ死んでも悔いが残らないよう、やりたいことは先延ばしするなということです。

大前さんはもちろん仕事に精力的に取り組む一方で、**1年間のバケーションの予定を前年末までに決め、**クラリネット演奏やオートバイ、スノーモービルやダイビングといった趣味や遊びを満喫していらっしゃるんです。まさに仕事も遊びも超一流の方なのですね。

つまり、**時間が空いたら、これしようではなく、まずはやりたいことの予定を決めて、それから自分の仕事の予定を立てる。**

う〜ん、これですね。

時間を大切なことに使っていらっしゃる。

今世の生き方には、前世の生き方があらわれるもの

ここで話はスピリチュアルな内容に飛びます。

そんな大前さんは、とてもがっちりした体付きをしていらっしゃいます。腕相撲なども百戦百勝な強靭な体なんです。

今世の生き方からは、前世の生き方が垣間見られるものですが、大前さんの様子を見ていると、前世も相当、体を動かし、何でもやって体を鍛えてこられたことが推測できます。

そうした前世の時間を精一杯に活用して、遊びも仕事も思う存分に充実し、体も使ってこられたので、今世はその甲斐あって、健康な体や、仕事での活躍・成功は、神様のご褒美《ほうび》と言えます。

ですから体は丈夫で、仕事も趣味も存分に楽しめるバイタリティが備わっている今世を与えられたのでしょう。

年間100回ゴルフに行く社長さんのこと

忙しいスケジュールの中でも遊びを忘れない方に、大手企業のA社長さんがいます。

仕事はまず、ゴルフの日程を決めることからはじめるそうです。そこまでしないと、とて

もゴルフに行くことなどできないからなんですね。その習慣のおかげで、年間に100回ほど、大好きなゴルフが楽しめるとのことです。ここまで徹底する姿勢には、刺激を受けます。

ゴルフは、一緒にコースを回ってくれる相手あってのスポーツです。

時間が来週空いたから行かない？　なんて直前に言っても、みな忙しいので参加してくれません。

そんなこともあり、随分早い時期にスケジュールを決めるため、この社長さんが、遊びを中心にやってて、仕事をしていないと思わないことです。むしろ、仕事をバッチリ終わらせるようにしていらっしゃいます。誤解のないよう述べておきます。

時間の上手な活用術❽

時間は歳を取るほど速く進むと知ろう！

手相の流年法と同じ！　細胞の治り速度

ここでもう少し、時間の活用法でお話しておきたいことがあります。

先日、60代の女性の鑑定をしていたのですが、その方が足にあざを作っていらしたんです。どこかにぶつけてしまったとかで。

そのあざがなかなか治らないんですとおっしゃっていたのですが、確かに歳とともに傷というのは治りにくくなるものです。

面白い統計がありますのでご紹介しましょう。

たとえば内出血をした場合、10代でしたら7日間で完治するところ、30代の場合は完治までに14日間必要なんです。2倍の時間がかかる。そして50代になると28日かけなければ治らないそうです。4倍の時間がかかる。

いったいこれは何を意味しているかというと、回復力なんです。

細胞の回復力は、10代に比べて30代は2倍必要ですし、50代なら4倍もかかります。

実はこれ、手相の流年法と一緒なんです。

私が発見した手相の流年法では、10代のときと比べて30代のときは2倍の速度で時間が流れて、さらに50代になると10代のときより4倍の速度で時間が進んでいくことが判明しています。

また、この時間の流れは40代になると急速に進むんです。それまでは比較的に割と緩やかに進んでいたのが、40代からはブワッと速くなるんです。

ですから傷の治りが遅くなるのも、時間が意識の中で、どんどんすごいスピードで進んでしまっているからなんです。

ということは、人生の時計は段々速くなります。

読者の方でも、年とともに、一年があっという間に過ぎていく感覚を不思議に思っていらっしゃる方も多いことでしょう。

中年から1年の過ぎ去る感覚はスピードが増して行き、晩年は高速の乗り物に乗ったような速さになる。

そのことを知って、人生のやりたいことがあるなら、躊躇《ちゅうちょ》せずすぐに取り掛かりましょう。

とにかく、時間が速く過ぎるんです。

私は、この時間との戦いに挑み、30代頃のテンポで今やっています。

たとえば、本を2か月ごとに2冊出版していく（うち1冊は漫画の原作）とか、音楽のアニメーション・ミュージックビデオを世界配信（YouTubeで2曲連続1000万回再生達成！）したり、手相講座でユーチューバーをやったり（200本近く公開）、などなど。

とにかく、やりたいことを次々と（笑）。

それでは次に、貪欲に時間を活用する時間の達人を数名紹介しましょう。

時間の上手な活用術 ❾

貪欲に時間を作って、やりたいことを楽しむ！

多忙を極めた森田公一さんも、プライベートを大事にしていた

みなさんは『青春時代』という代表曲をはじめ、数々のヒット曲でおなじみの作曲家・森田公一さんをご存知ですか？

それはお忙しい方でした。

トップギャランというグループを率いての活動のほか、作曲家としても何千曲と作品を残されました。アグネス・チャンの『ひなげしの花』やキャンディーズの『ハートのエースが出てこない』など、歌える方も多いでしょう。

そればかりかCMソングも2000曲も書かれて、大変な売れっ子でした。

そんなご多忙を極めていた森田さんですが、プライベートもちゃんと大事にしていらっしゃったのです。

こんなエピソードがあります。

仕事の打ち合わせは、エッ、夜の12時!?

ある音楽ディレクターが打ち合わせをしたいと申し込んだところ、何と面会は深夜の12時スタート。それまでまったく森田さんのからだが空いていなかったんですね。

そして話が終わったところで、ディレクターもこれで森田さんも休めるなと思ったそうなのですが、森田さんの口からは何と「これから釣りに行く」という言葉が出て、さすがに、これには度肝を抜かれた！　といいます。

つまり、**超一流の人ほど、遊びにも決して手を抜かない。**これはもう、鉄則と言ってもいいでしょう。

「そういうことなら、いくらでも時間はある」と言った世界的建築家

そしてもう一人、ご紹介したいエピソードがあります。

世界的建築家の磯崎新《あらた》さんの話です。

建築界のノーベル賞といわれるプリッカー賞を受賞している、世界的な方なのですが、私が手相を観たときのことをちょっとお話ししましょう。

その日、私は磯崎先生の友人である、某大学の哲学科教授の高橋正和先生の鑑定をしていました。

高橋先生は江戸時代の哲学者、三浦梅園の思想「梅園哲学《ばいえん》」の第一人者でいらっしゃる方ですが、その日私の鑑定の的中ぶりに驚かれた先生は、磯崎新さんのところにすぐに電話をして、これから遊びに行ってもいいかと聞かれたのです。

すると今の今ですから、磯崎先生も時間がないと断られたのですが、高橋先生が、「そうか、ものすごく当たる手相家の先生をお連れしたいと思って電話をしたんだが、それは残念だ」、言ったところ、

「何!?　すぐに来てくれ。そういうことならいくらでも時間はある」

と、即断即決されました（笑）。

磯崎新さんのアトリエで

磯崎さんのアトリエに伺ったら、そのときはコロンビア国立図書館の設計をしてらっしゃったのでした。

そして広いスペースの壁一面に張った設計図に対し、椅子に座って自由に高さや位置調節ができ、電動で動く装置で、4メートルぐらいの高さで作業中でした（椅子も姿勢を真っすぐの状態に保つ、両足をお尻側に置くタイプのものでした）。

それはともかく、**超多忙なのに、自分にとってより大事なこと、楽しいこと、好奇心をそそるものになら、すぐにも時間を割く**というその姿勢には驚きました。

何を優先して生きるか、そんな選択がいつでもできるからこそ、偉業をも成し遂げることができたのでは、と後に思ったものです。

時間の上手な活用術⑩

面白いことのために時間を作る

ちなみに哲学者・高橋正和先生からは、私の手相についての推薦文もいただいていて、私の手相書『的中手相術』の中で紹介しています。

ここでその内容をご紹介しておきましょう。

「われわれの人生のすべてを言い当てた」という私への推薦文

「私は西谷氏の読手相術に驚き、親友の磯崎新のアトリエにそのまま誘い込んだ。西谷氏は我々二人の手相を前にして、建築学や哲学では覗《のぞ》きみることのできない我々の人生のすべてを云い当てた。三十分ほどの鼎談《ていだん》は、どんな映画や小説よりも我々を驚かせ、魅了し、神秘の世界に夢遊させてくれた。自分自身のことだから、我々も必死になるさ。

自分自身の人生の研究に、人は誰しも限りなく執着している筈《はず》のものでありながら、近代科学の精神は、神が全霊を傾けて個々の手のひらの上に描いた緻密な運命の設計図の解読を、迷信として拒絶してきた。馬鹿馬鹿しい限りである」

——高橋正和——

1300冊もの著書がある中谷彰宏さんのこと

そうそう。本当に忙しい方ほど時間を作るのが上手い、という話で思い出しましたが、作家の中谷彰宏さんも、1300冊以上もの著書があり、常に時間に追われている方なのですが、私のところへは何度か鑑定にいらっしゃっています。

鑑定にはいろいろな女優さんや起業家をお連れになるのですが、あるとき一緒にいらっしゃった女優さんに聞いてみたことがあるんです。

「中谷さんは目が回るほど忙しいハズなのに、よく今日時間が取れましたね」と。

すると女優さんはこう返されました。

「中谷さんは、時間をいくらでも作る方なんです」

毎週1冊本を書いているような忙しい方ほど、自分の楽しみの時間は上手に作っているんですね。これは是非とも見習いたい生き方です。

時間の上手な活用術⑪

環境を変えて、運命をチェンジしよう！

環境を変えてみる！

人生でやりたいことをやる秘訣ですが、これはズバリ、人生に変化を作るということも一つの方法です。引っ越しなどで、環境を変えるということです。

私は人生を変える大リセットを、３回行った！

私自身は、人生を変えるほどの大リセットを3回行ってきました。

まず1回目は、作曲家になろうと、二十歳のときに上京してきたこと。

それから46歳で、世界中の民族の手相を観ようと、ニューヨークに鑑定室を設け、3年半移り住んだこと。

そして3回目が、65歳で再び音楽も手相もさらに真剣にやろうと、横浜から、東京・高円寺に移動したことです。

いずれも環境が大きく変わったために、人生そのものにもよい変化が起き、大きくプラスの方向へ進むことができました。

高円寺には素晴らしい発展運がある！

そしてこの高円寺というところは、大きな発展運がある土地です。かつて人気絶頂の時期にチェッカーズのメンバーも全員高円寺に住んでいましたし、坂本龍一ご夫妻も高円寺に在住でした。

電車でも新宿から2駅で着きますし、利便性もあるのでマスコミ関係の方や芸術家、芸能人の方も、よりいっそうたくさんいらっしゃるようになりました。

また、高円寺にいますと行きたいところへすぐに移動できるのもいいですね。

たとえばテレビ局へ行くのでも、これまでの横浜からでしたら片道に余裕を持って2時間くらいみなければいけませんでしたが、高円寺からなら、たとえば日本テレビの最寄り駅・四谷なら8分ほどで着きます。

こういう便利さというのも発展していくためには大事だと思いました。

ニューヨークの利点は、どこへでもすぐにタクシーで行けること

ニューヨークに住んでいたときも、マンハッタン（ニューヨーク市）の中ではどんな所でも行きたい場所に、タクシーで5分〜20分ほどで到着するんです。

東京は大きすぎるので、たとえば池袋から品川なら、タクシーで1時間はかかるでしょう。吉祥寺から新橋などでも、1時間かかります。

ニューヨーク市内の移動は、狭い所なので、どこでも近いんです。

ニューヨーク在住のアメリカ人ですが、彼らが東京に来てビックリするのは、マンハッタンのようなビルが群立している地区が、東京には、新宿、渋谷、池袋、東京駅周辺、銀座、新橋、赤坂、六本木、青山、高円寺、吉祥寺、etc……といくつもあり、規模が大きいことです。

「東京って、こんな大きい街がいくつあるの〜？」って（笑）。

すっかり話は脱線してしまいました。

安い↓高い↓安いが面白い人生に！　私の引っ越し開運術!?

また、私は引っ越しを、これまでに25回くらいしています。いずれも吉方位の土地へ引っ

越していくのですが、初めの十数回は、ちょっと面白い仕掛けがありました。
それは、家賃の安いところに住んだら、次は高いところ、そのまた次は安いところと、変化をつけて引っ越していくんです。これはとても面白い展開になります。
以前、東京で15万円ぐらいのマンション（当時では高い部屋）に住んだ後、吉方位の自由が丘に引っ越そうと思い、不動産屋に行くと、ナント7000円の部屋があったのです。東京で7000円ですよ。

月、7000円の家賃の生活は？

それは豆練炭屋さんの2階の3畳一間でした。それでピンとひらめいて、ひと月7000円で借りました。
ここは、もちろん風呂なんてありません。銭湯通いです。だって3畳の間一間ですから（笑）。
でも、そんなお金がかからない生活をしていると、お金が貯まります！（笑）
冬は、電気ストーブ600Wの内、半分の300Wだけで、アッという間に部屋は暑いぐらいになり、安上りです。

また夏は、小さな冷蔵庫の扉を開けると、サーッと涼しくなります。ホントですよ（笑）。

そんな安アパート時代、私はテレビによく出ていた

そんなこと言うと貧乏生活そうですね。

ですがその当時、私はよく歌手としてテレビに出ていたんです。

すると、自由が丘の駅を降りると私を見つけた女子高生たちが、私の後をついてきてしまうんですね。

まさか豆練炭屋の2階に入るわけにはいきませんから、そこでパッと隣の高級マンションに入って裏から出て、自宅に入る、という作戦で彼女たちを巻くなんてことはよくやっていました。

そして3畳の部屋からそーっと窓を開け、追っかけて来た女子高生を眺めたりして……。

でも、そのとき思いました。自分がこれから世に出ようというときには、安い住まいに住むのは運気を上げる一つの秘訣だと。

でも人によるでしょうね。マネしないでくださいね。

成功していい所に住むぞ！　とバネにできる人には、おすすめの方法です。

でも、こんなみじめな……と思って落ち込む人には、おすすめしません。それはご自分で判断を。

億万長者も、私と同じ生き方をしていた⁉

その3畳一間の部屋に入ったら、面白い人に会いましたよ。

私の向かいの部屋、たぶんその部屋も月7500円ぐらいだったと思います。

そこに入った人は、30歳ぐらいの男性でしたが、奥さんと二人で毎週土日に泊まりにくるのです。

一度、部屋に招待されて（といっても1メートルの廊下を挟んで、目の前の部屋ですから）、行くと3人で膝付き合わせてぎゅうぎゅうです。

そして話を聞くと、20代で起業して大成功した（億万長者！）というのです。

それで、傲慢になってはいけないと、毎週、わざと3畳一間の部屋に若い美人の奥様と夫婦で泊まりにきている、ということでした。

若いのに、エライですね（私は当時22歳でした）。

すると、その豆練炭屋さんはどうなるかというと、朝から面白い光景が展開します。**私は**

朝からテレビ局に出演するため、ギター担いで出掛けて行く一方、向かいの夫婦は、白いロールスロイスが迎えにきて、それに乗って自分の会社に行く、ということになるのです。もう豆練炭屋さんの一家は、いったい何がどうなっているのか、目を白黒させている、という状況でした。

何でも、この2階の部屋を20年貸しているけど、部屋に電話を引いたのは、私が初めてだったというのですから（笑）。

（携帯電話がない時代。46〜47年前の話ですから）

もちろん、狭い路地に白ピカのロールスロイスが、豆練炭屋さんの前に止まることも、初めてなのは間違いありません！

いやあ、実に楽しい青春時代でした。

これから何かをやるぞ〜！　というときは、安住ではなく、安アパートに暮らすのは、私にとっては大きな夢実現のためにいい環境だったと思いました。

ある作曲家が言っていました。「安アパートのときにはいい曲がドンドンできていたのに、いいマンションに引っ越したら、全然いい曲ができないんだよ……」って。

これは、満たされると、ダメってことではないでしょうか。

そして多分これは、方位を見ないで引っ越したので、凶方位に引っ越してしまっている現象ですね。

時間の上手な活用術⑫
吉方位を使う！

いい方位を活用する

方位を知らないで引っ越しをすると、４割が凶方位に行き、４割は普通の方位へ行く。吉方位に行く人はわずか２割。そして特別にいい大吉方位には２〜３％の強運の人が引っ越す、という感じです。

そして**方位の影響は驚くほど大きく、それも11年半影響するので、引っ越し後の運気を大きく左右します。**

そんな大事な引っ越しです。最高に強運の人が行く、大大吉方位に、方位を調べてあなたも行けるのですから、使わない手はありません。

吉方位を活用して、驚くような幸運を手にした人は、星の数ほどいますが、ここでは著名人の方の方位体験を一つご紹介しましょう。

人気作家・室井佑月さんは、方位学で運を引き寄せた！

ちょっと前になりますが、週刊文春（２００８年3月20号）に人気作家・室井佑月さん（当時37歳）のインタビュー記事が載っていました。

彼女は19歳でミス栃木に選ばれ、レースクイーン、女優、銀座のホステスを経て、１９９7年の作家デビュー以降、著書多数。テレビ出演もとっても多いという、そんな彼女のお話です。

「ミス栃木ということで、裸の（撮影の）仕事ばかりで、鳴かず飛ばずの状態が2年間続き、銀座に舞い戻ってきた。

そんなとき、たまたま巣鴨《すがも》（東京都内）の「とげ抜き地蔵」に遊びに行ったら、松の枝みたいなヨボヨボの爺《じい》さんがいて、

「ちょっとお前、来い」と言われたの。爺さん、占い師だったのね。

地図にバッチリ線を引いて、「ここ！、ここに越すんだ！」と六本木を指すんだよね。

引っ越しの日にちまで決められてさ。ちょうど引っ越ししたかったから、そのとおりに六本木のマンションに引っ越したんだけど、それからはホステスでも俄然売れっ子になっちゃうし、小説デビューもできたんだよね」（週刊文春の記事より）。

これは、方位のことなど全く知らなかった彼女に起こった出来事です。
方位の威力は、素晴らしいですね。

吉方位を使うことでツキが来て、無駄な時間を大幅削減できる！

これなど、吉方位を使うことで、人生の時間をどれだけ有効に使ったことになるでしょうか。

引っ越しの幸運は、11年半続きます。
また吉方旅行も効果があります。
３泊４日の国内旅行で、１年間が驚くほどツキに恵まれ、時間を最高に得することになります。

＊みなさんにとって吉方位がどちらかを知る方法は、私の『吉方旅行と引っ越し』（創文刊）をご覧ください。

＊なお、私が監修している、吉方位が一目でわかる『吉方位早楽《はやらく》地図上検索システム』というサイトがあります。
方位のことを知らない人でも、あなたの生年月日と住所を打ち込めば、たちまちあなたの

住まいからの吉方位がGoogle地図上に色分けされて表示されます。
最初10日間はご利用無料。その後は月々660円でご利用できます。
※巻末のQRコード一覧参照。

時間の上手な活用術⑬

自分は運がいいと思うこと

どんな小さな成功体験も、運命を変える力を持っている！

最後にツキを呼び、運のいい人に変身する、このお話をします。

あなたが何かツイていることを体験したら、その都度、「私は運がいい！」と強く自信を持ってください。

「自分は運がいい」という人と話していると、彼らは何かで運のいい体験をして、自分は運がいいと思い込み、実際に運が良くなった、という体験をよく話してくれます。

それは些細《ささい》なことでもいいんです。自分の運が良かった体験を、思い出してみてください。

そして「私って運がいいなぁ」というんです。やって見ください。

たとえば、駅で地下鉄に乗ろうとしてホームに降りて行くと、ちょうど乗りたい電車が、滑りこむように入ってくる。「オーラッキ〜！」

そして「今日はツイてるぞ！」とか、「私は運がいい〜！」と喜んでください。

すると、ツキが始まりますよ。

ということで、本書の最後にツキがやってくるお話でした。

ツイていれば、時間にして5倍、10倍イヤもっともっと早く願いが叶います。

無駄な時間はなくなるし、たくさんの時間を大切なことに使える人になります。

ということで、本書のお話はこれで終了です。

本書の内容が、皆様の幸せの一助になれば、著者としてこれ以上の喜びはありません。

西谷泰人　YASUTO NISHITANI

手相家 / 作詞・作曲家
ライフコンサルタント
ゲット・ラック国際アカデミー主宰

アメリカのABCラジオで数多くの有名人を鑑定、話題に。これまで鑑定した人々は世界各国の政治家、財界人、文化人、芸術家、スポーツ選手とあらゆる分野に及び、その数は優に8万人を超える。
著書は海外でも翻訳され、売り上げ累計450万部以上に。

鑑定の問合せ、お申し込みは(株)創文まで。
下記ホームページからお申し込み下さるか、
電話：045-805-5077（10：00～18：00　土・日・祭日除く）まで。
https://www.nishitani-newyork.com/

5000人のプロ占い師を育てた『西谷泰人　手相スクール』開催中！（方位学・人相も学べます）
―3か月後 あなたは手相家に―

時間をもっと
大切なことに使いなさい

発行日　カバーに記載

著　者　　西谷泰人
発行者　　西谷泰人
発行所　　株式会社　創文
〒245-0024　神奈川県横浜市泉区和泉中央北2-10-1
TEL. 045-805-5077　　FAX. 045-802-2408
印　刷　　美研プリンティング株式会社

ISBN978-4-902037-29-6　C0036

西谷泰人の YouTube お金に関する人気動画

手相動画

手相動画

西谷泰人 作詞・作曲の
YouTube1000 万回再生の話題曲

I'm Crazy About You
（君にもう夢中！）

You'll Win The Lottery
（宝くじは当たるよ）

無料 YouTube 人気の ニシタニショー手相動画

大金運ランキング

私が今まで鑑定してきた８万人の統計から、
金運１位～６位の手相ランキング発表！
月収 100 万円超え、資産 億超えの金持ち
手相公開！
金運アップの方法も解説。

高徳の相

目に見えない幸せになるエネルギーの持ち主！
高徳の相を紹介します。

老後が豊かな手相５選

この『老後豊かな手相』があれば、あなたの
将来は大丈夫！

▶ 自〇予定の女性が鑑定に さあどうなった？

失恋し自信も失い、夢も希望も失くした人の手にあった、唯一の開運線とは？

▶ 手相　神仏加護の相 神仏に守られ、運良く人生が送れる相

生まれながらに運が良い、神様・仏様に
護られている人の相を紹介します。

▶ 起業線

手のひらの下部から小指に向かう『起業線』があれば、商売・金運の吉相です！

▶ 素晴らしい「運」がやって来る手相

あなたにこの線があるかないかで、未来が分かります。
もし無い場合も大丈夫です。開運法を話しています。

▶ 強運線

生命線下部が２つに分かれていたら、人生が一変し、
成功する「強運線」。その解説をします。

▶ 大金持ちの手相が出てきたら、あなたは必ず大金持ちになります。

この線が出て来たら、
いよいよあなたもお金持ちに—！
その吉相の解説をします。

重大発表!!

新刊・新曲、
そして手相スクールのご紹介です。
手相スクールは、西谷泰人が直接
指導する唯一の講座です。
(手相・方位・人相が学べます)

吉方旅行ってどんなもの？

あなたの願いを次々に叶えてくれる
吉方旅行や引っ越し。
吉方位の分かりやすい解説をご覧ください。

この動画の線が１本でもあれば どんな時代でも成功できます

あなたの手に これらの線が一本でもあれば、
独立・起業で成功します。
その５つの相とは！
開運線シリーズ４弾！

無料 YouTube 人気のニシタニショー開運動画

犬・猫ペットは主人を救う

ペットを飼っている人・飼いたい人 必見！
素敵な人生を送るヒント。
ペットのもたらす好影響が判明！

口癖が運命を決める

あなたが日常 口にする言葉が、運命を決めていた。
体験談を次々紹介します！

先祖から引き継いだ悪～い習慣から抜け出そう

縁結びが実感できる⁉
先祖や神仏の加護を受けていると起こることとは⁉

▶ 大金ゲット
裸の夢を見たときは、
あなたの金運上昇の印です

この夢を見たら大金が手に入る！
体験談をいろいろ紹介しています。

▶ 人に恨まれると
ろくなことがありません。
その解決法を教えます

人に恨まれている時の
効果テキメンの解決法とは？

▶ 同じ数字が並ぶのを見たら、
あなたに幸運が起こります

333とか888など、二桁以上同じ数字が並ぶのを見ると、幸運が起こる！

——西谷泰人　好評シリーズ——

未来を予知し、最高の人生に変える法を明かす！

創文　定価（本体一、四八〇円＋税10％）

未来予知はできる

人は偉大なる能力を秘めている

「女占い師に予言された、青年チャップリンの未来」「八百件以上の未解決の事件を透視で解決したクロワゼット」他。未来は決まっているのか？　運命は変えられるのか？　未来予知は出来るのか？　など満載！

思考を変えるだけで、すぐ幸せになれる

創文　定価（本体一、四〇〇円＋税10％）

幸せ思考

マイナス思考をプラス思考に
プラス思考を幸せ思考に

第一章　細木数子のテレビ発言「女性名義で家を建てたら、その女性は三年以内に死ぬ」の真偽を徹底検証する　第四章　占いを活用する生活　第九章　占い師は運命の医者である　他、全九章。

――西谷泰人　好評シリーズ〔全・創文刊〕――

あなたにしか出来ない、あなた流の生き方

人と同じじゃ意味がない

定価（本体一、四〇〇円＋税10％）

あなたは天職に就いていますか？　自分の適職を知っていますか？　あなたは自分流の生き方をしていますか？　あなたは自分にしか出来ない事は何なのか知っていますか？　本書で、自分を最高に生かせる道を見つけよう！

10代より30代は2倍、50代は4倍の速さで時間は進んでいた

年を取るほど時間は速く進む

定価（本体一、四〇〇円＋税10％）

年齢により心の時計の速度が変わる。ＤＮＡが人生を95％決める⁉　天才になる方法、天才を産む方法がある。人生を飛躍させる四つの方法。読書は人生を変える。他、全九章。

彼〔彼女〕のハートをとらえる秘訣集

男と女

定価（本体一、四〇〇円＋税10％）

普通の女性が100人以上の男性からプロポーズされた！　その驚くばかりの秘密のノウハウを、一挙大公開！　彼女〔彼〕をとりこにする会話術。他、恋の必勝ノウハウが満載！（夫婦円満にも役立つ内容です）

——西谷泰人　好評シリーズ〔全・創文刊〕——

早ければいい、というものじゃない！

定価（本体一、四〇〇円＋税10％）

あせってはいけない！

出遅れ、行き遅れ、乗り遅れ、大いに結構

早く成功しなくちゃ、早く結婚しなくちゃ、早く幸せにならなくちゃ……、と思っていませんか？　いいえ違う生き方があります。後からゆっくりスタートして、先を走っている人をスイスイ追い抜いてしまおう。全十一章。

よそ見をしないで…

定価（本体一、四〇〇円＋税10％）

あなたのメインディッシュは何？

夢を叶えるにはコツがある

限られた人生の時間の中で、夢を叶え、何かで成功したい。それならまず、自分の目的を明確に定めることです。人生のメインディッシュが決まれば、成功は時間の問題だ。夢を叶える秘訣が満載の本！　全十章。

もっと早く知っておけば良かった

定価（本体一、四〇〇円＋税10％）

あっ、そうだったのか！

知っていれば、あんな苦労をしなかったのに

大成功したもの、人、企業は、必ずと言っていいほど「異質の組み合わせだからブレイクした——一章」。海外で成功した日本人を調べた結果「日本人はふてぶてしさを持て！——三章」と教えられる。そんな、あ、そうだったのか！　が満載の本。全十一章。

――西谷泰人　好評シリーズ――

「ひらめき」が
あなたを変える

創文　定価（本体一、四〇〇円＋税10％）

ひらめけ!

世界的手相家が6万人の鑑定体験から
発見した、不思議な運命の法則

第一章　未来は変える事ができるのか？
第六章　この法則を知れば、あなたも今日から超能力者になれる
第九章　もっとカンやヒラメキを大切にしよう
第十章　ご注意を！　人に恨まれると運気が下がります

他、全十四章。

手相の線で、いつ
何が起こるかが分かる

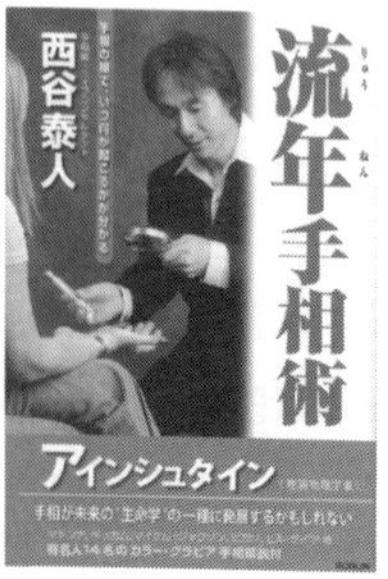

創文　定価（本体一、六〇〇円＋税10％）

流年手相術

手相のスーパーテクニックが、
この一冊で身に付く！

手相の入門から応用まで、これほど分かりやすく、面白く書かれた本は、世界に存在しない。
アマからプロの手相家、そして世界各国の手相の教本〈第2弾！〉遂に登場。
※日本・世界の有名人一〇〇名以上の手相掲載――マドンナ、ビル・ゲイツ他…

お知らせ

―方位学・人相も学べる―

西谷泰人の手相スクール

世界的手相家の西谷泰人が、手相のエッセンスを分かり易く解説。直接指導をする唯一の講座です。手相のまったくの素人であっても習い始めて3か月後には、あなたもプロ手相家となって活躍できる、驚きの講座内容です。――5千人のプロ手相家を輩出！　世界一の手相スクールです――

このスクールでは、一生使える世界最高レベルの「手相」の見かた、奥義・流年法体得。そして「方位学」・「人相」も学べます。

講座最終日には修了証を授与。現在、たくさんの卒業生がプロの占い師として活躍しています。

YouTube―

『ニシタニショー』（西谷泰人　動画）が人気！

手相家　西谷泰人が、手相や、運が良くなる様々な話しを、公開しています。

ニシタニショー『手相講座チャンネル』では、手相動画が150本以上楽しめる他、別チャンネルの、ニシタニショー『開運講座チャンネル』でも、手相以外の運が良くなるお話をいろいろご紹介しています。皆さん、是非ご覧になって、さらに幸運な人生をお送りください！